나는 글 대신 말을 쓴다

치열한 방송 세계에서 살아가는
11년 차 방송 작가의 피땀, 눈물 체험담!

나는 글 대신 말을 쓴다

원진주 지음

HC books

프롤로그

아무리 잘 해내려고 해도 매 순간 깨지고 부딪히고 상처받는다. 마음은 온통 '내가 잘할 수 있을까?', '잘 버틸 수 있을까?' 하는 걱정이 가득하지만, 아수라장 같은 현장에서 쉴 새 없이 밀려오는 일들에 눈물을 떨굴 시간도 없다. 하지만 나는 글을 쓰고 방송을 만드는 일이 너무 좋다. 그래서 오늘도 '난장판'인 현장에 서 있다.

오늘도 녹화가 끝난 뒤 화장실에서 눈물을 닦고 있는 후배를 위해, 밤잠 설쳐가며 구성작가가 되는 길을 인터넷으로 검색하고 있을 예비 구성작가들을 위해 진솔한 글을 실었다. 이 책이 때로는 독한 선배처럼, 때로는 눈물을 닦아 줄 수 있는 언니의 한마디가 되어 주면 좋겠다.

가끔은 잡가인지 작가인지 모를 정도로 챙겨야 할 게 많은 현장!
아수라장 같지만 그 현장엔 늘 대한민국 방송 작가들이 있다.

원진주

목차

챕터 2.
모든 프로그램에는 작가가 있다!
_분야별 작가의 특징

챕터 3.
베테랑 작가가 방송을 만드는 법
_방송 작가의 핵심 노하우

챕터 4.
베테랑 작가에겐 '남다른 뭔가'가 있다!

챕터 5.
톡톡 튀는 아이템 만드는
베테랑 작가의 생활습관

Killer Tips

에필로그

부록

챕터 1.

판타지 No!
리얼 100%
방송 작가의 세계

1. 방송 작가
vs. 방송 잡가

"우리가 이런 것까지 해야 해?"

신입 작가 시절 동기들과 얘기할 때 우리 스스로를 두고 '잡가'라고 칭했다. 왜일까? 내가 작가가 돼서 이런 것까지 해야 할 줄 상상도 못 했기 때문이다. 작가가 되면 우아하게 앉아서 커피를 놓고 키보드만 두드리면 되는 줄 알았고, 연예인도 내가 전화만 했다 하면 거뜬하게 섭외도 되는 줄 알았다.

하지만 실상은? 김밥 주문하기, 출연진 기상 및 동선 체크, 날씨 체크, 소품 구매하기, 다과 준비하기, 심지어 촬영할 개집 치우기까지. 아! 가장 중요한 모두의 비위 맞추기도 있다. 여기서 모두라 하면 출연진을 포함한 선배 작가들과 피디들이 되겠다. 할 일이 많은 탓에 신입 작가들은 체크리스트를 만들어 공유하기도 한다. 한마디로 말해 프로그램 기획 초기부터 방송이 전파를 타기까지, 작가의 손이 미치지 않는 부분이 없다고 해도 과언이 아니다. 만능 재주꾼이라 할 만큼 할 일이 많으니 '잡가'라는 자조 섞인 말이 나오는 것이다.

이런 모든 일을 다 거쳐야만 메인 작가가 될 수 있다. 돌이켜 생각해보면 우리가 한 일은 단순한 잡일이 아니었다. 신입 작가로 일할 때 자신의 업무가 대단히 작은 일이라고 생각하는 경우가 있다. 자잘한 업무가 이어지니 그럴 법도 하다. 과연 그럴까?

얼마 전 한 예능 프로그램 녹화 날 있었던 일이다. 보통 완성된 최종 대본은 녹화 하루 전 정도에 나오는데, 완대본이 나온 이후 신입 작가들은 가장 바빠진다. 대본을 토대로 큐시트도 만들어야 하고, 프롬프터MC가 현장에서 볼 수 있게 대본을 띄워놓는 화면 작업도 해야 하며, 자잘한 업무들을 챙겨야 한다. 그럼 이때 선배들은 무얼 할까? 밤새 대본을 쓰느라 진이 빠졌기 때문에 보통 선배 작가들은 귀가한다. 이때부터는 신입 작가와 그 위의 입봉 서브이제 막 신입 작가에서 서브 작가가 된 작가를 칭하는 말의 책임감이 막중해진다. 그날도 난 어김없이 대본을 넘겨주고 후배들이 해야 할 업무를 체크한 뒤 집에 들어갔다.

그런데 다음날 문제가 터지고 말았다. 모든 작가가 스튜디오에 도착했는데, 이미 도착해서 준비를 다 끝내놨어야 할 신입 작가와 입봉 서브 작가의 모습이 보이지 않는 게 아닌가. 심지어 늦어진다는 연락조차 오지 않았다. 출연자들은 이미 도착해서 본인의 대기실과 대본을 찾고 있고, 카메라 감독들도 큐시트를 재촉한다. 원래대로라면 출연자들이 도착하기 전 대기실에 각 출연자의 이름을 붙여놔야 하고, 출력된 대본도 미리 대기실에 한자리 차지하고 있어야 하는데, 그 업무를 해야 할 두 작가가 자취를 감춘 것이다.

우리는 한숨을 푹푹 쉬며 연락을 했고, 입봉 서브 작가가 부랴부랴 한 회차의 대본하루에 2회분의 녹화를 진행을 들고 등장했다. 오자마자 대본을 나눠주고 정신없이 녹화 준비를 시작했다. 그 뒤 40분 정도 흐른 뒤 신입 작가가 또 한 회차의 대본을 들고 나타났다. 다행히 녹화 시간은 맞출 수 있었고 우여곡절 끝에 녹화를 알리는 큐 사인이 스튜디오 안에 울려 퍼졌다. 그렇게 한 회차의 녹화가 정신없이 끝나고 그제야 자초지종을 물었다.

"도대체 무슨 일이야?"

"사실, 어제 프롬프터 작업을 나눠서 했는데, 막내가 하다 잠이 들었대요. 그래서 아침에 남은 거 하느라 생각보다 준비 시간이 길어졌어요. 죄송합니다."

그랬던 거다. 어제 할 일을 다 미처 끝내지 못하고 잠드는 바람에 아침에 해야 할 일들이 줄줄이 밀린 거다. 그 덕에 결국 녹화 전까지 우리는 대본에 밑줄을 긋고, 프롬프터를 마저 정리하는 등 줄줄이 밀린 일들을 소화해 내야 했다.

결코 '작은 역할'은 없다

방송 작가, 특히 신입 작가와 서브 작가들의 역할은 결코 작지 않다. 작가들이 제 자리를 지키지 못하면 방송이 마비될 정도이니 말이다. 고로 자신이 맡은 일이 잡무라고 생각해 얕잡아 봐서는 안 된다. 조금 더 쉽게 말하자면 지금 당신이 하는 잡무가 큰 녹화를 치르기 위해 가장 중요한 일부분일 수 있다는 얘기다.

한 예능 프로그램의 야외 촬영 날 있었던 일이다. 장소는 용인, 촬영 시작 시각은 아침 8시였다. 메인 MC들이 총동원된 메인 촬영이었기에 꼼꼼한 확인이 중요했다. 특히 야외 촬영은 일주일 전부터 날씨를 체크하는 게 기본이기에 후배 작가에게 꾸준히 날씨를 체크하도록 했다. 다행히 전날 저녁까지만 해도 용인의 날씨는 흐린 정도였다. '비는 안 오겠구나.' 안심하고 잠들려는 찰나, 새벽 두 시에 문자가 왔다. 용인의 내일 강수량으로, 비가 올 가능성이 높다는 것이었다. 마지막까지 놓치지 않고 확인해준 후배 덕분에 우리는 그날 새벽 세 곳의 편의점을 탈탈 털어 다행히 우비와 우산을 준비할 수 있었다.

만약 출연진의 기상을 체크하지 않아 출연진이 제시간에 촬영장에 오지 않았다면? 그날 촬영은 취소라고 봐야 한다. 또 신입 작가가 야외 촬영 날 비가 올 걸 미리 확인해서 알려주지 않았다면? 새벽에 대처할 수 있는 준비도 불가능하지 않았을까? 고로 신입 작가들이 지금 하는 업무는 '대단한 잡무'라는 것이다. 이런 잡무가 기반이 되어야만 작가로서 한 발 더 내디딜 수 있다. 비록 당시에 느끼는 감정은 '내가 이러려고 작가가 됐나?', '이런 게 작가였다면 안 했을 것을….'이라는 생각일지라도 말이다. 나 역시도 그랬다. 하지만 이런 잡무가 수반이 되어야만 다음 과정으로 나아갈 수 있다. 그리고 그 잡무가 뒷받침됐기에 선배들이 그걸 토대로 글을 쓰고 구성을 할 수 있었던 것이다. 결국 내 손을 거치는 일들이 결코 의미 없는 일들이 아님을, 누군가는 잡무라고 생각하는 일들이 방송에선 꼭 필요한 중요한 항목이라는 것 잊지 말자.

2. '신상털기'의 달인

사건의 실마리가 되기도 하는 '신상털기'

2015년 '크림빵 뺑소니 사건'을 기억하는가. 임신 7개월 된 아내를 위해 크림빵을 사 들고 귀가하던 남편이 뺑소니 사고를 당해 숨졌는데, 당시 사건이 심야 시간에 발생한 데다 CCTV 화질이 선명하지 않아 수사의 어려움을 겪었다. 이에 시민들은 CCTV를 분석해 뺑소니 차량을 알아내는가 하면 차량 번호판 일부를 파악하기도 하고 사고 근처의 CCTV 위치를 알아내면서 범인 검거에 큰 공로를 세웠다.

일반적으로 '신상털기'라는 개념은 인터넷을 통해 개인의 신상에 대한 정보를 알아내서 퍼트리는 것을 말한다. 물론 크림빵 사건처럼 공익적 목적으로 하는 경우도 있으나 개인적인 원한이나 심지어 단순한 재미로 남의 신상을 캐내서 퍼트리는 경우도 있어 문제가 된다. 하지만 방송 작가들은 공익적 목적으로 불법행위 의심자의 신상을 조사하는 것이며, 인터넷에 무차별적 유포하지는 않는다는 점을 밝힌다.

시사 프로그램을 하는 작가 사이에서 '신상털기'라는 단어는 빼놓을 수 없다. 물론 이 '신상털기'는 작가들이 가장 어려워하는 일이기도 하지만 가장 잘해야만 하는 일이기도 하다. 지금 돌이켜보면 난 시사 프로그램을 하던 때 정말 열심히 신상을 털었던 것으로 기억한다. 요즘 같은 시대에 누가 신상을 털릴까 싶지만, 그 틈을 노려 신상을 털어야 하는 게 우리가 할 일이다. A의 연락처를 찾기 위해 A의 친구인 B를 찾고 B의 친구의 친구인 C를 찾는다. 이처럼 '신상털기'란 거치고 또 거쳐야만 원하는 것을 알아낼 수 있다. 게다가 현재 이슈가 되고 있는 사안이라면 그나마 수월하게 찾을 수 있지만 과거의 사건이라면 더 힘들어진다. 지금으로부터 10여 년 전 SBS의 시사 프로그램인 「SBS 뉴스추적」에서 신입 작가로 일한 적이 있다. 당시 <충격실태, 국가시험이 샌다>라는 타이틀로 방송을 제작하면서 국가고시 시험 문제가 유출된다는 정보를 입수하게 됐고 취재를 시작했다. 그런데 제작진 모두가 머리를 맞대고 찾아봤지만 유출 경로를 알 길이 없었다.

'도대체 어떻게 문제가 유출된다는 거지?'

네이버와 다음, 네이트, 구글 등 대표적인 인터넷 사이트는 다 들췄고 단서가 나올만한 검색어는 모두 검색해봤다. 하지만 일말의 단서도 나오지 않는 것이다. 그렇게 집에도 들어가지 못하고 숙직실에서 쪽잠을 자며 나는 검색어 고민에 빠졌다.

'내가 놓친 검색어가 있을까?'

'나라면 어떻게 유출을 할까?'

이쯤 되면 방송 작가는 늘 이렇게 고민을 해야 하나, 왜 집에도 못 가고 취재를 해야 하나 싶을 것이다. 나뿐만 아니라 방송 작가라면 누구나 내 프로그램에, 내 아이템에 애착을 갖기 마련이다. 특히 신입 작가라면 내가 몸담고 있는 프로그램의 자료조사부터 취재원까지 모든 것을 꿰고 있다 보니 더 애착이 갈 수밖에 없다.

유출경로를 찾겠다며 밤샘을 한지 딱 나흘째 되던 날, 아무도 없는 숙직실에 누워있는데 불현듯 싸이월드가 뇌리를 스쳤다. 당시만 해도 싸이월드로 친구를 찾는 게 유행이던 시절이었다. '그래 맞아! 국가고시를 준비하는 학생들도 싸이월드는 하겠지?' 왜 이제야 생각이 났을까 싶은 마음에 나는 이불을 박차고 냅다 사무실로 뛰어갔다. 그리고 학생들의 싸이월드를 타고 타고 또 타며 뒤졌다. 심지어 블로그까지 살펴보며 검색에 총력을 기울였다. 그렇게 또 날이 밝아오던 찰나 드디어 유출경로에 대한 실마리가 보이는 게 아닌가! 그렇게 실마리의 실마리를 따라 24시간 동안 싸이월드만 팠다. 그리고 다음 날 마침내 문제의 유출 경로가 시험 전날 학생들이 모여 1박을 하는 호텔이라는 걸 알아냈다. 담당 선생님들을 주축으로 학생들은 서울의 호텔을 통으로 빌렸고 그곳에서 문제가 담긴 족보를 돌려보는 것이었다.

'합격률 100%를 자랑하던 의사 국가고시가! 한의사 시험이! 이렇게 만들어졌다니!'

내 눈으로 확인하고도 믿을 수 없었지만 그사이 글들이 사라질까 캡처하기 버튼을 쉼 없이 눌러댔다. 그날 우리는 해당 호텔에 방을 잡고 학생들의 동선을 확인했다. 그리고 시나리오를 만들었다. 그리고 대망의 국가고시가 있기 하루 전, 잠입 취재를 시작했고 시험 문제가 유출되는 과정을 전부 카메라에 담았다. 다음날 시험이 끝난 직후, 학생들이 타고 온 차를 압수 수색해 족보를 회수했다. 실제로 나온 시험문제와 대조한 결과 무려 50% 일치, 20여 개 문제 가운데 10여 개는 거의 족보와 동일한 것으로 봐도 무방하다는 게 전문가의 의견이었다.

어렵사리 제작했던 만큼 보람도 컸다. 새해 초 방송된 <국가고시가 샌다>는 방송 직후 큰 논란이 됐으며 사회적으로 큰 파장을 일으켰다. 또 함께 방송을 제작한 기자는 [제20회 대한언론상 취재보도부문]을 수상하기도 했다.

누구도 가르쳐 줄 수 없는 '신상털기'

'신상털기'를 할 때 가장 중요한 게 두 가지가 있다. 바로 검색어 선정과 지칠 줄 모르는 끈기다. 먼저 검색어의 선정이 중요한 이유는 그 검색어로 인해 찾아낼 수 있는 정보가 달라지기 때문이다. 먼저 너무 폭넓게 검색하는 것은 옳지 않다고 말하고 싶다.

원진주 작가의 연락처를 찾고 싶다, 그런데 딱히 아는 정보가 없다면? 대부분의 사람이라면 '원진주'를 검색하기 마련이다. 하지만 '원진주'라고 치면 국악인이 가장 먼저 뜬다. 결국 그 사람의 직업이나 직책을 알면 거기서부터 시작하는 게 합리적이다.

1차 검색어 원진주 작가　　⋯　**2차 검색어** 원진주 작가 연락처
3차 검색어 원진주 작가 010　⋯　**4차 검색어** 원진주 010

이런 식으로 단계를 거듭할수록 세부적으로 검색하다 보면 범위를 추려갈 수 있다. 사실 앞서 언급한 3차, 4차의 검색어를 바로 넣어도 괜찮지만 1차, 2차의 검색어를 먼저 검색하는 이유는 그 작가의 프로그램이나 그가 올렸던 글들을 먼저 추려본 뒤 그 안에서 또 다른 정보를 얻을 수 있기 때문이다. 사실 위의 방법은 내가 하는 방법이지, 답은 아니다. '신상털기'의 방법은 어떤 선배도 가르쳐 주지 않기 때문이다. 내가 스스로 찾아보고 검색하다 보면 일깨워지는 게 '신상털기'인 만큼 자신만의 방법을 찾는 게 좋다. 그렇기 때문에 끈기 있는 자세가 가장 중요한 이유다.

'신상털기'를 떠올리면 유독 잊을 수 없는 방송이 있다. 지난 2011년 4월 한복 디자이너 이순혜 씨가 한복을 입은 상태로 S 호텔 내부에 위치한 파크뷰에 입장하려다가 제지를 당하는 일이 있었다. 그 이유인즉슨, 한복과 같은 옷은 뷔페 같은 장소에서 입기에는 여러 사람들에게 불편함을 줄 수 있다는 것이었다. 하지만 이러한 논리는 이순혜 씨를 설득시키기에는 합리적이지 못했고 상급자와의 대면을 요청했음에도 불구하고 해결이 보이지 않자 이순혜 씨는 예정된 일정을 지키지 못하고 집으로 돌아가게 됐다. 그리고 이 소식은 SNS를 통해 반나절 만에 전 국민에게 알려졌고 사람들은 크게 분노했다. 이 사건이 벌어진 직후, 우리는 바로 촬영을 시작했다. 당시엔 SBS의 시사 프로그램 「현장21」에서 일하고 있었다. 시사 프로그램은 긴 시간을 기획하는 아이템을 하기도 하지만 이렇게 직면한 사회적 이슈나 논란을 취재해 방송을 해야 하기도 한다. 방송까지 남은 건 단 4일. 그 안에 섭외와 촬영, 편집과 자막, 대본까지 마무리해야 했다. 무엇보다 우리가 총력을 기울인 건 이순혜 씨와 마찬가지로 호텔로부터 부당하게 입장 거부를 당한 사람을 찾아내는 것이었다.

'과연 같은 일을 겪은 일반인이 있었을까?'

나는 인터넷 검색창을 두드리며 밤새 씨름을 이어갔다. 시간이 별로 없다 보니 마음은 더 초조했다. 하지만 내 초조함이 방송 날짜를 늦추는 건 아니었다. 거의 이틀을 매달렸지만, 성과가 없었다. 하지만 포기할 수 없었다. 내가 포기하면 특종을 놓칠 수도 있고 중요한 증거를 놓칠 수도 있다는 생각이 들었다. 무엇보다 시사 프로그램을 하는 작가에게 포기는 자존심의 문제라고 생각했다. 그렇게 사흘간 밤을 새우던 날, 한 한복 커뮤니티에서 글을 읽는데 호텔에서 한복을 입었다며 입장을 불허했다는 글이 있는 게 아닌가.

'대박 사건!!!'

마음의 함성을 내질렀다. 하지만 글을 찾았다고 끝이 아니다. 한시라도 빨리 연락처를 찾아 통화해야만 했다. 쪽지를 보내고 카페 운영자의 연락처를 찾아 해당 글을 올린 사람과 연락할 방법을 수소문했다. 하지만 몇 시간이 지나도 답장은 오지 않았다. 더는 지체할 수 없었다. 개인 연락처를 찾아내야만 했다. 역시나 또 '신상털기'를 해야만 했다. 사실 일반인의 신상을 찾는 일은 작가들이 가장 꺼리는 일 중의 하나다. 공인도 아니고 개인의 번호 같은 경우는 전화가 연결되더라도 무례할 수 있기 때문이다. 하지만 말도 안 되는 한복 착용 시 호텔 입장 불허라니! 이 사건은 하나라도 더 증거를 찾아내 호텔 측에 책임을 묻고 싶었다.

글을 쓴 사람의 본명도 모르는 상황이다 보니 카페에 가입한 닉네임으로 찾는 것밖엔 방법이 없었다. 그래서 닉네임으로 검색을 시작했고 닉네임이 사용된 곳들을 타고 타고 가다 보니, 본인의 연락처를 한 글의 댓글로 남겨 놓은 게 아닌가.

"드디어 찾았다!"

이때 작가들이 느끼는 희열은 경험해보지 못한 사람들은 절대 알지 못할 것이다. 효자손으로 가려운 등짝의 포인트를 긁는 기분이랄까?

바로 전화를 걸었고 자초지종을 들을 수 있었다. (물론 어쩔 수 없이 신상을 털어야만 했다는 사과 인사와 함께.) 이분의 사연은 2년 전, 2009년도에 한복을 입고 호텔에 들어가려고 했는데 거부당했다는 것이다. 여기서 짚고 넘어갈 부분은 2011년도에 사태가 벌어진 호텔과 같은 곳에서 그런 일이 벌어졌다는 것이다. 하지만 안타깝게도 촬영을 할 시간이 부족했다. 결국 전화 인터뷰를 요청했고 감사하게도 녹음을 허락해주어 가까스로 방송 전에 추가할 수 있었다.

무사히 제작진이 담고자 했던 내용을 담아 방송은 전파를 탔고 S 호텔에 대한 논란은 뜨거운 감자가 됐다. 이후 S 호텔에서 입장을 표명했다.

'2009년도는 실수였고 2011년도는 오해가 있었다.'

이러한 성의 없는 답변을 내놓은 덕분에 또 한 번 대중들의 뭇매를 맞았다.

방송 작가에 관한 흔해 빠진 오해 ①
"글 써서 밥은 먹고 살겠니?"

"오늘 낸 세금, 행복한 내일로 돌려받습니다."

'보내는 사람'은 세무서다. 매년 5월이면 날아오는 한 장의 고지서. 지난해에는 또 얼마나 벌었으려나. 정확하게 연봉을 밝히기는 어렵지만, 소위 '억대 연봉자'라고 부를 수 있는 수입을 벌고 있다.

지금으로부터 10여 년 전 고등학생 때 나는 방송 작가가 되기로 결심했다. 사실 내 꿈은 초등학교 선생님이 되는 것이었는데, 고등학교 2학년 때 우연한 기회로 방송 작가와 시간을 보내게 됐고 이후 장래 희망이 바뀌었다. 꿈이 바뀐 뒤 나는 방송 작가와 관련된 학과로 진학하겠노라 가족들에게 말했다. 그런데 그날부터 명절만 되면 큰아빠부터 막내 고모까지 나를 앉혀놓고 뜯어말리는 게 아닌가.

"글 써서 밥은 어떻게 먹고 살려고? 다시 생각해봐."

"큰오빠처럼 공부를 해서 유학 갈 생각을 해야지."

"작가들은 밥 벌어 먹고살기 힘들다는데 왜 하필 작가를…."

명절이나 제사, 결혼식 등 가족들이 모이는 날만 되면 자연스럽게 화두는 나의 꿈이 됐다. 그렇게 가족들의 걱정스러운 말들은 대학에 진학하기 직전까지 내 귓가에 맴돌았지만 나는 포기하지 않았다. 오히려 보란 듯이 성공

해서 작가도 돈 잘 벌 수 있다고, 내가 좋아하는 일을 하면서도 밥 잘 먹고 살 수 있다고 말해주겠노라 다짐했다.

신입 작가0~3년 차 작가로, 입봉을 하지 않은 작가 때의 수입은 대부분 비슷하다. 2019년 기준으로 월 180만 원 내외. 하지만 입봉을 하고 난 뒤 서브 작가라는 타이틀을 가지게 되면 상황은 다르다. 보통은 연차X10을 평균 작가료7년 차라면 7×10×4주=280만원로 책정하지만, 5년~7년 차를 넘어가면 본인의 역량에 따라 투잡을 할 수도 있고 쓰리잡을 할 수도 있다. 때문에 연차가 올라갈수록 작가료는 천차만별이라 볼 수 있다. (물론 프리랜서임에도 상근을 요구하는 곳들이 많은 탓에 투잡을 하는 게 쉽지만은 않지만 연차가 쌓일수록 스케줄을 융통성 있게 활용할 수 있다.)

아빠가 늘 말씀하신다. 남의 돈 버는 게 결코 쉽지 않다고. 그렇다. 결코 쉽지 않다. 하지만 돈이라는 녀석은 내가 기분 좋게 일할수록 배가 되어 나에게 돌아오는 부메랑 같다. 비록 5월이면 큰 금액의 세금을 내야 하는 쓰디쓴(?) 아픔도 있지만, 결국 그 금액만큼 내가 지난 한 해를 좋아하는 일로, 열심히 일했다는 증거가 아닐까? 그래서 난 행복한 내일을 돌려받기 위해 오늘도 돈을 벌고 또 세금 낼 준비를 한다.

3. PD와 작가,
원수와 동반자 그 언저리

남편보다 더 가깝기에 더 배려해야 할 관계

작가는 어떤 피디와 짝이 되느냐도 중요하다. 피디와 작가는 떼려야 뗄 수 없는 관계다 보니 몇몇 선배들은 부부보다 더 가까운 사이가 되어야 한다고 말한다. 나 역시도 결혼 전 남편과 통화하는 횟수보다 함께 일하는 피디와 연락하는 횟수가 더 많았다. 그리고 카카오톡에서도 늘 상단, 즐겨찾기에 이름을 올리는 건 함께 합을 맞추는 피디다. 이처럼 작가와 피디는 한 프로그램을 성공시키자는 공동 목표를 가진 동반자 같은 존재다. 하지만 성격 차이라는 게 무시할 수 없다. 부부보다 더 자주 보는 사람들인데 덜 싸우란 법 있는가, 하지만 그 싸움의 이유가 동일하기에 매일같이 피 터지게 싸우고 또 의견을 조율하고 또 함께 일을 한다. 결코 그와 나는 원수 같지만 동반자 같기도 한 애매모호한 관계다. 확실한 건 남편보다 나의 더러운 성격을 더 잘 알 것이라는 사실.

유독 친하게 지내는 피디가 한 명 있다. A 피디와 함께 일을 한 건 1년 남짓. 사실 처음부터 친했던 건 아니었다. 프로그램의 성향에 따라 촬영 전 답사를 미리 가는 경우가 종종 있는데 A 피디와 함께 만든 프로그램은 반드시 답사를 하러 가야 하는 프로그램 중 하나였다. 휴먼 다큐멘터리 느낌의 성향을 띄고 있었고 자연인들을 중심으로 하다 보니 현장 세팅도 미리 해야 했고, 인물에 대한 취재도 충분히 필요했기 때문이다. 그래서 그전까지는 담당 피디가 일주일에 한 번씩 답사를 다녀오곤 했는데 우연히 답사에 작가까지 동행하게 되면서 자연스럽게 서로 친해질 수밖에 없게 된 거다. A 피디와 짝이 돼서 일한 지 2달째 되던 어느 날, 내가 잡은 답사 동선을 본 피디가 날 자기 자리로 불렀다. (그 피디는 이미 그 프로그램을 한 지 5년째였다.) 이유는 답사 동선이 'ㄷ자'라는 이유였다.

당시 우리 프로그램은 한 회차당 답사 갈 곳을 세 곳씩 잡았다. 혹여 현장 상황이 취재한 것과 달라 촬영이 불가피한 곳이 있을 수 있기 때문에 다녀온 곳 중 한 곳을 선정하기 위해서였다. 그런데 섭외를 하는 작가의 입장에서는 세 곳을 섭외하는 게 쉽지 않은 일이다. 그렇기 때문에 섭외한 사람이 촬영에 동의해준다면 시간과 날짜는 대부분 그 사람에게 맞춘다. 왜냐하면 어렵게 섭외했는데 방송을 하지 않는다고 하면 낭패기 때문이다. 하지만 피디의 입장은 그렇지 않았다. 운전을 해야 하는데 동선을 'ㄷ자'로 잡으면 전국구 여행을 하는 셈이나 다름없기 때문이었다. 듣고 보니 맞는 말인데 그때는 왜 지고 싶지 않았는지 절대 그렇게 할 수 없다고 **빡빡** 우겼다. 결국 피디는 지지 않는 나에게 조건을 달고야 말았다.

"그럼 원 작가도 답사 같이 가자!"

"까짓것! 알겠어요."

그래서 난 그 뒤로 답사에 동행하게 됐다. 하지만 답사를 하고 돌아오면 녹초가 됐고 스케줄은 더 **빡빡**해졌다. 그리고 답사를 다니면서 깨달은 것은 바로 '피디의 말이 맞았다'였다. 그동안 같이 밤을 새우고 같이 일하는 입장에서 피디의 동선을 미처 신경 쓰지 못한 거였다. 제작 기간이 짧은 만큼 A 피디는 답사를 다녀온 뒤 다음날 새벽, 바로 촬영을 가야 하는데, 동선이 길어질수록 새벽에 도착하게 되고 촬영 준비에도 차질이 생길 수밖에 없었다. 내가 조금 더 배려해서 동선을 잡았다면 그가 1시간은 더 잘 수 있었겠지? 이후 난 피디를 배려하는 습관이 생겼다. 네이버에 있는 참 좋은 기능 '빠른 길 찾기'를 사용해서 동선을 최소화하는 버릇도 생겼다.

이후 나도 A 피디도 다른 프로그램으로 옮겨갔지만 지금도 종종 연락하고 얼굴을 본다. 어찌 보면 그때의 답사가 우리 두 사람의 관계를 끈끈하게 만들어 주지 않았을까. 그 당시를 곱씹어 보면 A 피디도 답사를 함께 다니기 시작하면서 작가인 나를 배려하려고 노력했던 것 같다. 피디의 스케줄이 빡빡한 만큼 답사를 함께하는 내 스케줄도 같이 빡빡해졌기 때문이다. 그걸 아는 A 피디는 나의 일정에 자신의 일정을 맞추기 시작했고, 조금이라도 쪽잠을 잘 수 있는 시간을 만들어줬다. 또 작가가 답사를 다녀왔으므로 피디가 원하는 촬영 포인트를 명확하게 알고 있다는 전제하에 촬영구성안 작업도 간략하게 할 수 있도록 해줬다. 이렇게 작가와 피디는 미운 정으로 고뇌의 시간을 함께해가는 관계다. 그렇기에 어떤 관계보다 끈끈할 수밖에 없다.

앙숙을 내 편으로 만드는 것

피디와의 의견 조율을 잘하려면 어떻게 하는 게 좋을까, 혹은 좋은 관계를 형성하려면 어떻게 해야 할까 고민에 빠질 수 있을 것이다. 개인적인 생각이기 때문에 정답이라고 할 순 없겠으나, 나 같은 경우는 일단 상대에서 맞춰준다. 왜냐 내가 그에게 맞춰주다 보면 상대도 나를 배려하기 때문이다. 하지만 예외도 존재한다. 내가 먼저 배려했지만 상대가 날 배려하지 않을 경우, 그럴 땐 참지 않고 내 의견을 피력해야 한다. 즉 내 생각을 강하게 얘기해야 한다. 예를 들어 정말 착한데 게으른 피디와 일을 한 적이 있다. 나는 주말도 쉬지 않고 촬영 영상을 보고 편집구성안을 작성하여 예정된 날보다 이틀이나 빨리 피디에게 전해줬다. 내가 이틀이나 빨리 줬다는 것은 내가 좀 덜 자더라도 피디가 편집할 시간을 평소보다 길게 잡을 수 있도록 배려한 것이었다. 하지만! 나만 빨리하면 무슨 소용? 일찍 주면 줄수록 편집된 영상은 훨씬 늦게 나오는 게 아닌가? 이럴 땐 내 권리를 내세울 수 있다는 거다. 왜냐!

"난 너를 위해 빨리해줬는데 넌 내가 대본 쓸 시간을 오히려 빼앗았으니까."

한 프로그램에 2년 반 정도 일한 적이 있다. 당시 한 피디와 2년 반을 짝으로 일했는데 내 작가 생활 중 가장 길게 한 프로그램이자 가장 오래 함께한 피디임이 틀림없다. 당시 B 피디와의 첫 만남이 기억난다. 첫 회의를 함께하는데, 정말 말이 많고 회의도 길게 하는 게 아닌가. 그런데 그 피디는 이 프로그램을 워낙 오래 담당해서 모든 걸 꿰뚫고 있었다. 때문에 나는 그 피디에게 끌려갈 수밖에 없었다. 그러다 보니 피디는 작가의 의견보다는 본인의 생각 위주로 일들을 진행하기 시작했다. 하지만 나 역시 자존심이 있는지라 끌려다니는 건 싫었다. 그래서 B 피디의 성향과 일하는 패턴을 분석하기 시작했다. 그런데 몇 주 지켜보니 피디의 일하는 패턴이 보이는 거다. 회의는 길게 하지만 너무 많은 양을 머리에 담다 보니 잊어버리는 게 반 이상이었던 거다. 그걸 알고 나는 회의 후 문자나 톡으로 다시금 확인하고 정리시켜 줬다. 그러던 어느 날, 피디가 촬영 현장에서 화를 버럭버럭 내면서 전화가 왔다.

"아니! 현장이 지금 제가 말한 것과 달리 세팅이 이상하게 되어 있어요! 이게 어떻게 된 건가요?"

"그게 무슨 말씀이세요? 세 번이나 회의를 했고 그걸 문서로도 정리했는걸요?"

"제가 말한 밴드 강사 선생님도 원활하게 섭외가 잘 안 되어 있고, 제가 요청한 전달 사항이 숙지가 안 된 것 같아요."

"피디님, 그때 그분은 피디님이 직접 통화하신다고 하셨잖아요. 그래서 제가 번호까지 넘겨드렸는걸요."

"제가요?"

"네. 제가 그때 톡으로도 보냈을 거예요. 확인해봐 주세요."

그렇게 전화를 끊고 난 그 당시 내가 피디에게 보낸 톡을 캡처해서 보냈다. 다시 전화가 왔다.

"죄송해요. 제가 정신이 없어서 놓쳤나 봅니다."

이후 피디는 내가 하는 말을 전적으로 믿어주기 시작했다. 이후에도 우리는 종종, 아니 하루에 한 번 정도는 실랑이를 했다. 하지만 좋은 프로그램을 만들겠노라 다짐한 목표는 동일했기에 빨리 수긍하고 화해하고 더 일에 몰두했다. 결국 성과는 좋게 나왔으며, 합을 맞춰 3년 가까이 일했다. 물론 이렇게 서로를 많이 욕하고 싸운 적은 없었을 테지만. 싸우면서 정든다고 하지 않던가, 지금도 B 피디와는 서로 생일을 챙겨주는 사이로 지내고 있다. 작가와 피디는 어느 프로그램이든 (좋은 목표를 염두에 두고) 싸우기 마련이고 미운 정이 들기 마련이다. 하지만 이 과정에서 정확한 건 작가와 피디가 격하게 싸울수록, 감정 소모가 많을수록 더 좋은 프로그램이 탄생한다는 것이다.

보통의 작가 피디들은 서로 좋은 관계로 프로그램을 만들고자 한다. 하지만 그러기 위해선 서로 노력해야 한다. 그 방법 중 하나는 서로의 일하는 스타일을 미리 공유하는 것이 좋다. 어떤 사람은 밤에 일을 하길 원하고, 어떤 사람은 낮에 일을 하길 원하는 것처럼 다른 일 패턴을 가질 수 있기 때문이다. 그리고 서로 터치하지 말았으면 하는 부분이나 서로에게 민감한 업무 등은 미리 서로 미리 공유하고 맞춰가는 게 가장 좋은 방법이 되겠다.

방송 작가에 관한 흔해 빠진 오해 ②

처녀 귀신 될 걱정은 넣어둬~

"작가하면 결혼 못 하는 거 아니에요?"

"결혼할 시간은 있어요?"

"일이랑 결혼하는 수준이라던데."

가끔 대학교 강의를 나간 지도 벌써 4년째다. 그런데 그때마다 듣는 질문이 있다. 작가가 되면 결혼 못 하는 거 아니냐고. 억울하다. 난 했는데. 솔직히 선배들 중에도 결혼을 안 한 작가들이 꽤 있다. 하지만 여기서 중요한 건, 못한 게 아니라 안 한다는 거다.

친한 작가 언니와의 대화.

나   : 언니 결혼은 왜 안 해요?

언니 : 결혼을 해야 할 필요성을 못 느껴서?

나   : 에이~ 그래도 하면 좋잖아요.

언니 : 하면 뭐가 좋아?

　　　 결혼하면 남편 챙겨야 되지, 시댁 챙겨야 되지.

　　　 애기 낳아야 되지, 집안 살림해야 되지.

　　　 여자는 내가 먹고 살 만큼만 벌면 혼자 사는 게 속 편해.

너도 빨리할 생각 마.

그로부터 3년 뒤 난 결혼을 했다. 주변 언니들은 부단히도 말렸다. (남편
아 서운해하지 마. 당신이 싫어서 말린 건 아니니까.) 너처럼 돈도 많이 버는
애가, 인생에서 일이 가장 좋다는 애가, 살림에 시옷도 모르는 애가 무슨 결
혼이냐면서. 모두가 말렸지만 내 나이 서른. 나는 식장에 들어갔다. 사실 나
도 내가 이렇게 일찍 결혼할 줄은 몰랐다. 그런데 하고 보니 좋은 점이 더 많
은 게 아닌가. 언니들이 말하던 것처럼 남편을 잘 챙겨야 하지도(남편이 날
챙겼다), 시댁을 챙겨야 하지도 않았다(시어머님이 날 챙겨주신다.) 물론 집
안일도 착한 남편이 다 해준다. 그의 말을 언급하자면 내가 하는 게 못 미덥
다나 뭐라나. 그렇다. 언니들이 걱정했던 건 그냥 걱정으로 끝났다. 솔직히
모든 작가들의 결혼생활이 다 나의 결혼생활 같지는 않을 수 있다. 하지만
선택은 본인의 몫이다. 즉, 작가들이 결혼을 못 하는 게 아니라 안 하는 거라
는 것.

작가들 중에는 생각보다 결혼한 작가들이 많다. 육아와 병행하는 작가들
도 많다. 방송 구성작가라는 직업이 나름 프리랜서 아닌가. 연차가 쌓이고
메인 작가가 되면 재택으로 할 수 있는 프로그램도 많고, 아르바이트 삼아
할 수 있는 홍보영상 시나리오나 출판 관련 일들도 들어온다. 때문에 결혼

후 혹은 육아와 병행하기에 적합한 직업으로 봐도 손색이 없다. 물론 본인의 의지가 가장 중요하겠지만 말이다. 그러니 처녀 귀신 될까 무서워서 방송 구성작가를 포기하는 일은 없길 바란다.

4. 순식간에
실시간 검색 1위는
기본!

혹시나 했지만 역시나! 연예병사의 '화려한 외출'

지금으로부터 6년 전인 2013년, 사회적으로 큰 파장이 됐던 연예병사들의 '화려한 외출'을 기억하는 사람들이 있을 것이다. 말 그대로 군인 신분인 연예병사들이 무단으로 휴대전화를 사용하고 술을 마시고, 급기야 마사지까지 받으러 다니는 행태를 촬영한 것이다. 당시 방송 후 며칠 동안 실시간 검색어에 오르며 화제가 됐다. 그 아이템은 요즘까지도 함께 취재하고 제작했던 기자와 만날 때면 늘 안주가 되고 한다. 1년을 기획하고 준비했던 아이템이었다. 그만큼 파장도 컸고 후폭풍도 거셌다. 섭외도 힘들었고 촬영은 더 힘들었던 1년의 기획 과정과 방송에 담지 않았던 뒷이야기를 소개한다.

당시 나는 촬영 현장에 동행했다. 한 대의 자동차에는 운전기사와 김정윤 기자, 담당 작가였던 나, VJ 한 명이 함께 탑승했으며 또 다른 자동차엔 운전기사와 VJ 두 명이 타고 이동했다. 사실 예능 프로그램은 현장에 작가들이 대부분 동행하지만, 시사 프로그램에서는 거의 동행하지 않는다. 하지만 나는 현장에 나가는 걸 좋아해 촬영에 곧잘 동행했으므로 이번 아이템도 역시 함께했다.

그날의 촬영은 연예병사들이 일주일에 한 번씩 다닌다는 위문 공연을 뒤쫓는 것이었다. 아이템의 핵심이라고 할 수 있는 촬영이었다. 앞서 말한 것처럼 이 아이템을 기획했던 나였기에 더 초조했다. 특히 과거 신입 작가 시절, 위문 공연을 다니던 프로그램을 제작한 경험이 있었기에 연예병사들의 삶을 제일 잘 알고 있었고 그 부담감은 배가 됐다. 20대 초반, 팀에서 신입 작가였던 내 눈에는 일부 몇몇 연예병사들의 삶이 옳지 않아 보였다. 하지만 아무도 그게 옳지 않았다는 걸 언급하지 않았다. 당시의 기억은 곧 몇 년이 지난 뒤 아이템이 됐다. 다른 표현으로 말하면 내부고발자가 된 셈이다.

두 대의 차에 나눠 탄 우리 제작진은 위문 공연이 있어 지방에 내려가는 공연 팀의 차를 쫓았다. 그리고 그들의 하루를 관찰했다. 부대 안에서는 물론 밖에서 보내는 연예병사의 48시간을 지켜본 것이다. 서울에서 출발한 버스연예병사가 탄 관광버스는 위문공연을 하기로 예정된 부대에 점심 정도에 도착했다. 연예병사들은 각자 리허설을 하거나 버스나 대기실 안에서 개인 시간을 보냈다. 어떤 연예병사는 휴대전화를 사용하며 연인과 전화 통화를 하는 듯 보였고, 어떤 연예병사는 게임을, 또 누군가는 셀카를 찍으며 시간을 보냈다.

이 지점에서 누군가는 "그걸 어떻게 알아요?"라고 궁금해할 수 있을 것 같아 언급하자면, 당시 우리 제작진은 공연장에서 가까운 곳에 주차를 해두고 그들의 일거수일투족을 놓치지 않고 지켜봤다. 사실 연예병사들이 자유롭게 휴대전화를 사용한다는 건 내가 그 프로그램의 신입 작가로 있을 때도 익숙히 봐왔던 일이었다. 홍보원이라는 명목을 가진 연예병사들의 생활공간에는 자유롭게 이용할 수 있는 운동 시설부터 TV 등 하루를 알차게 보낼 수 있는 것들로 가득했다. 심지어는 홍보원 뒷문을 이용해 외출도 서슴없이 할 수 있었다. 햄버거도 배달시켜 먹을 수 있었고 카페에 커피를 사러 나갈 수도 있었으며 역 근처까지 나가 자유롭게 활보하고 돌아올 수도 있었다. 물론 그들의 외출을 막는 사람은 없었다. 당시 촬영에 동행하면서 난 생각했다.

'지금도 그럴까?'

'안 그럴 수도 있어. 달라졌겠지.'

긴 시간이 지났고 나와 안면이 있었던 연예병사들은 모두 제대를 했기에 새로운 분위기를 기대했는지도 모른다. 혹시나 했지만 역시나였다. 그들의 삶은 변하지 않은 듯 보였다.

무사히 공연이 끝나고 연예병사를 태운 버스가 움직이기 시작했다. 내 예측대로라면 이제 본격적으로 자유 시간을 앞둔 것이다. 버스는 저녁을 먹기 위해 예정된 식당 앞에 섰다. 그리고 줄줄이 연예병사들이 내렸다. 자연스럽게 일반인들이 이용하는 식당에서 식사가 시작됐다. 제작진 중 VJ 2명이 그 식당 한쪽에 자리했다. 당시 그들의 카메라에 찍힌 촬영 내용은 방송을 통해 전파를 타기도 했지만, 술병들이 난무한 저녁 식사 자리였다. 큰 목소리들이 오갔고, 부어라. 마셔라를 쉴 새 없이 이어갔다. 그렇게 1차 식사를 마친 연예병사들은 버스가 아닌 걸어서 시내를 활보했다. 전화 통화를 하면서, 노래를 부르면서 삼삼오오 숙소로 향했다. 다행히 몇몇은 숙소로 이내 몸을 옮겼다. 하지만 그중 2명이 숙소 밖에서 배회하더니 택시에 올라타는 게 아닌가? VJ 2명이 탄 자동차가 재빠르게 택시를 따라붙었다. 하지만 놓치고 말았다. 그 이후 우리는 숙소 앞에 자동차를 세워둔 채 또 나올 누군가를 주시하고 있었다. 하지만 새벽 2시까지 아무런 움직임도 포착되지 않았다.

"자는 것 같은데?"

"안 나올 건가 봐."

"아닌데, 제가 알기론 분명 나올 거예요."

대화를 이어가던 중 택시를 타고 사라졌던 두 명의 연예병사가 택시에서 내리는 모습이 포착됐다.

"아! 아까 따라잡았어야 하는데…."

"도대체 어딜 다녀온 거야."

우리는 각자 안타까운 한숨만 내쉬었다. 그렇게 시계의 바늘은 새벽 2시 30분을 가리키고 있었다. 그리고 다시 시곗바늘이 3시를 가리켰다. 별다른 움직임은 없었다. 아, 더 이상 움직임은 없나 보다. 휴대전화를 사용하거나 자유롭게 시내를 활보하는 것 말고는 우리가 더 잡아낼 수 있는 건 없나 보다 싶었다.

"벌써 3시에요. 춘천에 왔으니 닭갈비나 먹으러 가시죠."

다른 차에 타고 있던 VJ가 기자 선배에게 문자를 보내왔다.

"원 작가 어떻게 할까?"

"30분만 더 기다려볼까요?"

"그래. 딱 30분만 더 기다려보고 철수하자."

아마 그때 조금 더, 조금 더를 반복하며 애타는 마음으로 시간을 보냈던 우리의 마음은 서로 같았을 것이다. 다른 군인들이 누리지 못

하는 자유로운 생활을 당연하게, 당당하게 누리는 연예병사들에게 잘못된 것을 짚어주고 싶었다. 연예인이라는 이유로 대우가 달라지는 것 그리고 그런 호사를 너무나 당연하게 인정하는 관리자에게 책임을 묻고 싶었다. 사실 내가 이 불편하고 어려운 내부의 이야기를 꺼내게 된 이유도 그거였다. 20대 초반 아무것도 몰랐던 내가 봐도 그들의 풍족하고 자유분방한 생활이 불편했기 때문이다. 조금 늦었지만 지금이라도, 이 불편함을 바로잡아야 한다고 생각했다. 그래야만 진짜 고생하면서 나라를 지키는 국군장병들에게 미안하지 않을 테니까.

그 사이 문제는 벌어졌다. 새벽 4시가 다 돼가는 시각, 연예병사 두 명이 숙소 밖으로 빠져나왔다. 그리고 자연스럽게 택시를 잡더니 이동하는 게 아닌가. 우리는 급하게 따라붙었다. 택시는 곧 근교에 있던 안마방에 멈췄고 우리는 소스라치게 놀랐다. 군인 신분으로 안마방이라니? 그리고 얼마 지나지 않아 다른 안마방으로 또 이동하는 게 아닌가 (나중에 알고 보니 처음 갔던 안마방에 자리가 없었던 것이었다.) 역시 따라붙었고, 두 번째 안마방에서 나오는 두 연예병사와 맞닥뜨렸다. 그날 두 사람은 한 시간이 넘게 얼굴을 가린 채 기자의 질문을 피하며 도망쳤다. 두 시간이 다 돼서야 우리가 들은 답은 '죄송합니다.'였다.

우리는 이 아이템을 두 편의 방송으로 만들었고, 전파를 태웠다. 그

후폭풍은 거셌다. 실시간 검색어 장악은 물론 각종 방송사로부터 연락도 많이 받았다. 시끄럽지만 뿌듯한, 사회의 변화에 한 획을 그은 것 같아 값진 경험이었다. 그리고 또 한 번 느꼈다. '방송은 모름지기 끝까지 기다리고 추적해야 하는 것'이란 걸. 이후 '연예병사의 화려한 외출' 방송 여파로 국방부는 연예병사 제도 폐지를 공표했다.

방송은 누구도 예측할 수도, 누구도 미리 짜놓을 수도 없다. 언제 어디서 어떤 상황이 날 기다리고 있을지 모르기 때문이다. 만약 그날 우리가 30분을 기다리지 않고 닭갈비를 먹으러 갔다면? 1년 동안 기획한 아이템은 전파를 탈 수 있었을까? 실시간 검색어를 장악하며 사회 전반의 문제를 언급하고 변화시킬 수 있었을까? 기다리고 또 기다리고 추적하는 것이야말로 현장에서 뛰는 작가의 몫이 아닐까 싶다.

5. 두려워하기보다
일단 덤벼들기

모르면 묻는 게 최고다

모르는 사람과 통화를 하고 섭외를 한다는 일, 참 쉽지 않다. 당연히 나도 그랬다. 처음 신입 작가가 되고 연예인을 섭외하는데 얼마나 떨리던지, 차마 메인 작가 앞에서 전화를 할 수가 없었다. 사무실 밖으로 나가서 전화 통화를 했던 기억이 있다. 하지만 그게 좋은 방법이 아니었음을 일주일이 채 되지 않아 깨달았다. 녹화 이틀 전 연예인 매니저들과 통화를 하는 중이었다.

"실장님, 12일 날 오후 6시까지 ○○○으로 와주시면 되세요."

"6시면 6시 30분 정도에 무대 올라가는 건가요?"

"네 맞습니다. 그러니 꼭 30분 전에는 와주셔야 해요."

"리허설은 따로 없는 거죠?"

"네. 없습니다."

녹화와 관련된 공지를 전달하기 위해 녹화에 참석할 6명의 가수 매니저와 통화를 했는데, 여기서부터 문제가 벌어진 것이다. 이틀 뒤, 오후 5시 50분이 되자 매니저들이 속속 도착했다. 그런데 메인 작가의 당황한 눈빛이 역력했다.

"지은이아이유의 본명는 순서가 제일 끝인데 왜 이렇게 빨리 왔어?"

"6시까지 오라고 전화 받는데요."

그렇다. 난 큐시트의 순서를 보고 출연자별로 무대에 올라가기 30분 전에 오면 된다고 고지했어야 하거늘, 6명의 전 출연자에게 첫 가수가 무대에 올라가는 시간을 공지한 것이다. 정말 그때의 심경은 '망. 했. 다.' 이 세 글자로 표현할 수 있다.

다행히 성격 좋은 매니저는 지은 씨에게 양해를 구한 뒤 저녁 식사를 하고 왔고 다른 가수들 역시 차에서 대기하거나 저녁을 먹고 왔다. 지금 생각해도 땀이 삐질삐질 나는 실수였다. 만약 출연자 중 누군가가 뒤에 다른 일정을 잡아뒀다면? 지은 씨가 서울에서 6시 30분에 무대에 올라 30분 뒤인 7시에는 출발해 부산까지 밤 12시 전에 도착해야 하는 일정이 있었다면? 정말 생각도 하기 싫어진다. 그날 녹화가 끝나고 난 뒤 나는 메인 작가에서 엄청, 심하게 혼쭐이 났다. '모르면 물어봐야지.' 부터 '가수들이 다음 일정이 없었던 걸 운 좋은 줄 알아라.' 까지 긴긴 시간 정말 많은 얘기를 들었다.

신입 작가일 때는 섭외 대상자들과 통화하면서 당연히 실수할 수 있고 부족한 부분이 있을 수 있는데 난 당시 그걸 간과했던 거다. 처음 하는 통화니까 실수해서 혼날까 봐, 메인 작가를 피해 숨어서 전화를 했던 나였다. 하지만 피한다고 전부는 아니라는 게 내가 지나온 시간 속에서 배운 부분이다.

요즘도 나와 함께 일하는 몇몇 신입 작가들은 내 앞에서 섭외 전화 혹은 취재 전화를 하지 않는다. 회의실에 숨어서, 화장실에 숨어서 전화를 한다. 그럴 때마다 나는 더 힘줘서 얘기한다.

"나가서 통화하는 거 다 알아. 그냥 자리에서 해."

이 말의 뜻은 '네가 실수를 하면 내가 수습해줄게.' 라는 것이다.

······················ 섭외 전화할 때의 요령 ······················

1. 메모장 적극 활용하기

전화 통화를 하기 전 반드시 체크해야 할 말을 메모장에 적어두면 좋다. 물론 처음 섭외를 해보는 거라면 실제 통화를 하듯 쭉 적어놓고 그대로 읽는 것도 방법이다.

2. 통화 후 확인 문자 남기기

연예인 같은 경우는 스케줄이 많아 통화를 해 놓고도 잊어버리는 경우가 많다. 때문에 통화를 했다고 해서 안심하지 말고 한 번 더 매니저에게 확인 문자를 남긴다.

······················

매도 먼저 맞는 게 낫다!

연예인을 섭외하고 일반인을 취재하는 일은 신입 작가에게 가장 어려우면서 꼭 해내야 하는 일이다. 하지만 이론으로 설명해주는 데는 한계가 있다. 그렇다고 선배들이 일거수일투족에 다 관여하고 신경 쓰고 가르쳐줄 여건도 시간도 되지 않는다. 때문에 일단 질러보는 게 중요하다. 무조건 어떤 상황이건 맞닥뜨리라는 것. 뭐든 많이 틀리고 많이 실수하다 보면 몸이 기억하고 익혀진다. 그건 누구나 당연한 거다. 그러니 두려워하지 말고 조금은 대범해지면 좋겠다.

지금도 연락하고 지내는 후배 K가 있다. K와 만난 건 YTN 사이언스에서 제작했던 음악 프로그램에서다. 당시 그 음악 프로그램에는 인디밴드 한 팀과 악기를 다루는 연주자 한 팀이 나와서 토크를 진행했는데, 녹화 이틀 전 자정 무렵 갑자기 한 팀이 출연을 못 하겠다는 얘기를 당시 신입 작가였던 K의 문자를 통해 알게 됐다. 즉시 K에게 전화를 걸어 자초지종을 물었다. 사건의 전말을 들어보니 출연자가 못하겠다고 얘기한 지가 무려 일주일이 넘었던 거다. K는 그사이 혼자 끙끙대며 계속 설득하며 노력했지만 결국 불발된 것이다.

"아니, 그런 상황이 생겼으면 미리 얘길 해야지. 왜 이제 해?"

"혼날까 봐서요….”

K의 답은 간단했다. 섭외가 취소되면 나와 담당 피디에게 혼날 게 걱정됐던 거다. 일을 처음 하니 잘하고 싶고, 혼나고 싶지 않은 마음도 이해가 가지만 나로서는 대단히 큰 문제였다. 녹화 이틀 전 그것도 자정이 지났으니 이제 하루 남은 건데 섭외를 어쩌나…. 그때부터 미친 듯이 리스트를 열고 이다음에 섭외하려고 했던 출연자, 방송을 거절했던 출연자들에게 늦은 밤 문자를 남기기 시작했다.

"선생님, 늦은 밤 죄송합니다. 해외 일정은 잘 마치셨는지요? 혹 안 주무시면 통화 잠깐 괜찮으신가요? 방송 관련해서 드릴 말씀이 있습니다.”

"실장님, 저희 다음 주 녹화였잖아요. 혹시 이번 주로 당길 수 있을지 하고요. 통화 가능하실 때 연락 부탁드립니다.”

난 결국 밤을 새웠고, 다행히도 오래 알고 지낸 매니저 덕분에 녹화 전날 늦은 밤에 겨우 새로운 팀을 섭외할 수 있었다. 그제야 나는 대본을 써 내려갔다. 그렇게 48시간 이상을 뜬 눈으로 불태우고서야 우여곡절 많았던 녹화가 끝이 났다. 어렵사리 녹화를 마친 뒤 난 K에게 말했다.

"어차피 벌어진 일이면 혼자 수습하지 말고 차라리 수습할 시간을 나한테 줘."

그 이후 K는 달라진 모습을 보였다. 미리미리 출연자를 체크하는 습관이 생겼고, 섭외할 때도 혹시 모를 상황에 대비해 예비 출연자까지 섭외해 가면서 꼼꼼히 체크했다.

방송은 시간 싸움이다. 미리 말해서 수습이 가능한 일을 혼자 끙끙대느라 버려 버린다면 그것만큼 더 크게 혼날 일은 없다.

방송 작가에 관한 흔해 빠진 오해 ③

방송 작가의 목숨줄이 짧다고?

함께 일하는 후배 작가들에게 지금도 듣는 질문이 있다. 바로 방송 작가 일의 수명과 관련된 것들.

"선배, 방송일은 언제까지 할 수 있을까요?"

"결혼하면 대부분 일을 쉬죠?"

"아이를 낳으면 일을 어떻게 해요? 육아휴직도 없잖아요. 그럼 결국 경력 단절인가요?"

내 주변에는 결혼을 한 뒤 지속적으로 일을 하는 작가들이 많다. 나 역시도 결혼 후 여전히 활발하게 일을 하고 있다. 또 육아를 하면서 집에서 재택으로 일하는 선배들도 많다. 또 아이가 유치원에 다니기 전까지는 육아에 전념했다가 등원과 동시에 화려하게 복귀를 하는 선배들도 많다. 보통 방송 작가가 직업 수명이 짧다고 생각하는 데 나는 전혀 그렇지 않다고 힘줘 말해주고 싶다. 하지만 그걸 선택하는 건 본인의 몫이다. 왜냐 프리랜서이기에 본인이 그만두지 않고 하겠노라 마음먹으면 계속하는 거고, 아니면 쉬는 거다. 물론 쉬는 기간이 길어지면 결국 일을 그만두게 되겠지만 말이다. 고로 내 방송 작가의 수명은 내가 늘릴 수도 줄일 수도 있다고 생각한다. 그러니 벌써부터 지레짐작 수명 걱정을 걱정할 필요는 없지 않을까.

6. 어디든 가고,
무엇이든 한다

동에 번쩍 서에 번쩍, 작가의 숙명

월요일은 지리산에서 화요일은 강원도에서 수요일은 서해에서 보내는 하루, 당신이라면 어떨까? 나의 지인들만 해도 이런 리액션을 보내곤 한다.

"와, 정말 다양한 곳을 많이 다니는구나."

"여행하는 것 같고 좋겠다! 나도 너처럼 일을 여행처럼 하면 좋겠어."

정말 저런 말을 들을 때마다 경악을 금치 못한다. (아니 왜 여행을 여행으로 가야지 일로 가는데 부러워하냐고!) 이처럼 방송 작가는 모든 이들의 부러움(?)을 한몸에 받으며 아이템이 있는 곳이라면, 혹은 아이템이 될 만한 것이 있는 곳이라면 지구 반 바퀴를 돌아서라도 간다. 물론 피디들이 더 많은 곳들을 가겠지만 작가들도 가능한 많은 곳을 동행한다. 특히 예능 작가들은 더더욱!

지난달 친한 예능 작가를 만났다. 늘 그렇듯 안부를 물은 뒤 이어진 일과 관련된 대화.

"언니 야외 촬영 다니면 안 힘들어? 나는 가끔 가도 엄청 힘든데"

"나 다음 주는 발리에 촬영가. 그다음 주는 속초."

"형부가 싫어하겠다."

"신혼 때는 싫어하더니 지금은 좋아해"

결혼 2년 차, 예능 경력 8년 차인 작가의 일상이다. 일주일의 3일 이상은 출장으로 집에 없는 날이 많고, 쉬는 날도 집에서 밀린 잠을 자느라 취미생활은 꿈도 못 꾼단다. 하지만 작가들은 이런 바쁜 일상을 통해 새로움과 역동감을 안고 살아간다.

방송 작가들은 세상의 모든 일을 다룬다. 벌어지는 것들 모두가 방송 아이템이 되기에 충분하기 때문이다. 방송 작가로 일하다 보면 자연스럽게 팔방미인이 된다. 사건 사고를 파헤치다가 부부간의 갈등 해결책도 찾아본다. 또 반려동물의 건강을 확인하기도 하고 아이를 돌보는 일도 배우며 살림의 고수를 만나 그 비책을 들어보기도 한다. 물론 국내에 숨겨진 역사도 배우게 되고 해외 각국의 미를 찾는 여행을 하기도 한다. 방송 작가는 일상이 곧 자료조사와 아이템 찾기이므로 세상일 구석구석 모르는 것이 없다. 그만큼 안 가는 곳도 없다. 여객선이 닿지 않아 통통배를 타고 가야만 닿는 섬에도 가고 평생 가본 적 없는 호텔에도 잠입해 취재를 하기도 한다. 이 밖에도 연예인 연습실, 프로선수들 대기실, 수술실 등 보통 사람들이 들어가기 힘들었던 곳을 작가는 다 가볼 수 있다. 이처럼 새로운 곳을 찾아다니며 몰랐던 것을 배우고 많은 사람을 만나면서 작가는 경력과 실력을 쌓는다. 하지만 여간 쉽지만은 않다. 그렇기에 방송 작가에게는 꼭 필요한 자질이 있다.

─────────── 방송 작가에게 꼭 필요한 자질 ───────────

1. 항상 호기심이 넘친다.
2. 활동적인 성향을 가지고 있다.
3. 여행을 좋아한다.
4. 어디서든 자고, 어디서든 먹을 준비가 되어 있다.

팔방미인으로 거듭나기까지!

나는 서울에서 태어났고 서울에서 대학을 나왔으며 서울에서 취업했다. 따라서 난 내 삶에서 맨손으로 우럭을 잡아볼 거라 생각을 단 한 번도 해본 적이 없다. 또 뱃멀미가 있는 내가 배를 타고 4시간 이상 외딴 섬을 향할 줄도 예상하지 못했다. 더불어 법에 대해서는 문외한

인 내가 법에 대해 공부할 것이라고는 생각도 못 했다. 이처럼 팔방미인으로 거듭나기까지는 긴 노력이 뒷받침된다. 전혀 모르는 분야에 대해 알아야 할 때가 많기 때문이다. 그리고 전혀 접해보지 못한 일들을 해봐야 할 때도 많다. 또 각계각층의 사람들을 만나면서 간접적으로 인생 공부도 하게 된다.

 과거 YTN 「강소기업이 힘! 이다」라는 프로그램을 제작한 적이 있다. 해당 프로그램은 국내 굴지의 기업을 방문해 대표들의 인생 스토리와 제품들의 돋보이는 기술력을 소개하는 거였는데, 당시 정말 많은 장르의 강소기업을 접했다. 생전 모르던 자동차 부품부터, 중장비, 로봇, 반도체 부품 등 분야를 막론하고 다뤘다. 그리고 각 기업의 대표들을 만나 3시간 넘는 인터뷰를 통해 그들의 삶을 속에서 성공 포인트를 찾아냈다. 그중 가장 기억에 남는 기업이 있는데 바로 자동차 부품을 만드는 'ㅌ'기업이었다. 장롱 면허였던 나로서는 방송 작가 사상 가장 어려운 아이템이자 기업으로 기억이 된다.

 해당 기업을 답사 차원으로 방문했던 날은 유독 비가 많이 오던 날이었다. 비를 쫄딱 맞고 회사에 들어간 것도 찝찝했는데 문제는 그 뒤부터였다. 대표와의 미팅 전 제품에 대해 살펴보는데 도무지 무슨 말인지 하나도 모르겠는 거다. 다행히 함께 간 피디가 자동차에 대해 좀 알아 마음이 놓이긴 했지만 촬영구성안을 어떻게 써야 할지 막막해졌다. 쫓아다니며 아무리 메모를 하고 질문을 하고 자료집을 들춰봤지만 내가 감당할 수 있는 아이템이 아닌 것 같았다. 특히 자동차 부품에도 종류가 어마어마한데, 당시에 내가 소개해야 할 것은 큰 트럭에 주로 들어가는 부품이었다. '휴….' 회사를 둘러보는 1시간 내내 한숨이 끊이지 않았다. 그리고 착잡한 마음으로 대표와의 미팅이 시작됐다. 그런데 대표의 마인드와 사연이 내 마음을 요동치게 만들었다. 아픈 과거에 마음이 쏠렸고 반복된 실패에 마음이 아렸다. 취재를 마친 뒤 대표가 악수를 권했고, 손을 잡았을 때 난 꼭 이번 방송을 잘 만들고 싶다는 생각을 했다.

답사 이후 촬영구성안을 써내야 하는 기간은 딱 3일. 나는 자동차 부품에 대해 공부를 시작했다. 받아온 자료를 정독한 뒤 알고 지내던 자동차 분야의 전문가에게 전화해 미팅을 잡았다. (지금 생각해 보면 미팅이 아니고 반강제적으로 부탁했던 것 같다.) 전문가를 만나 상황을 얘기하고 도움을 요청했다. 흔쾌히 수락을 해주셨고 그날 3시간 특별 과외를 받고 왔다. 그럼에도 이해가 가지 않는 부분이 있을 수밖에 없었다. 그럴 땐 전화 찬스를 썼다. 이번엔 'ㅌ' 기업의 담당자였다. 하루에 10번 이상 전화를 걸어 설명을 요청했고 이해를 거듭해갔다. 그렇게 3일째 되던 날 오전, 한적한 카페에서 촬영구성안을 써 내려가기 시작했다. 약 5시간 뒤 30장에 가까운 촬영구성안을 완성했고 피디에게 발송했다. 이후 피디에게 피드백이 왔다.

"이걸 원 작가가 썼다고? 잘 모르는 분야라고 걱정하더니 잘 썼네. 촬영 잘해올게요."

완전 감동이 밀려왔다. 물론 지금은 그때 공부한 것들이 잘 기억이 나진 않지만, 당시 나는 그 분야에 있어서 반전문가였다고 자부한다. 요즘도 전혀 모르는 아이템을 다뤄야 할 때는 긴장이 되긴 하지만 당시의 기억을 살려 밤새 자료를 찾고 공부를 하곤 한다.

팔방미인은 쉽게 되는 게 아니다. 하지만 또 생각해 보면 어려운 일도 아니다. 그때의 그 기억, 공부를 하며 무언가를 알아가고 나의 글을 쓰고 있다는 자체가 행복했다. 그리고 그 글이 누군가에게 도움이 될 수 있다면, 그 대본이 누군가의 마음을 대변할 수 있다면 그걸로 충분했다. 무려 5년이 넘은 지금도 당시 방송이 나간 뒤 대표들에게 받았던 마음에 담긴 문자 내용을 잊을 수가 없다.

7. 무분별한 제보 속
   진짜 보석
   찾아내기

아이템에 울고 웃고!

어느 프로그램이나 아이템을 찾는 건 가장 힘들다. 심지어 아이템이 없어서 폐지되는 경우도 종종 있다. 또 프로그램의 기획 의도는 그게 아니었으나 해를 거듭하다 보니 아이템이 고갈돼서 방송의 방향이 다르게 가는 경우도 있다. 이처럼 아이템은 그 프로그램의 존폐에도 영향을 미친다.

「TV 동물농장」을 할 때의 일이다. 워낙 프로그램이 오래되기도 했고 무분별한 제보들도 많이 들어올뿐더러 동물이라는 특수성 때문에 아이템을 선정하는 게 여간 까다로운 게 아니다. 그때도 모든 제보를 다 훑었는데도 마땅한 아이템이 없는 게 아닌가.

「TV 동물농장」은 보통 작가들이 2주에 한 편20분~30분 내외 분량을 만들어 내는데 그사이 답사도 다녀와야 하고 촬영도 해야 하고 촬영해온 영상도 봐야 하고 편집 구성안에 대본도 써내야 한다. 정말 시간이 부족하다. 하지만 시간 부족을 탓할 순 없다. 무조건 아이템을 찾아야 한다.

아이템을 찾기 시작하면 작가는 바빠진다. 인터넷을 뒤지고 각 관련 카페마다 제보 글을 올리고 수의사 혹은 행동 전문가들에게 연락을 돌린다. 그래도 없다면? 그땐 그냥 밤샘이다. 밤새 찾고 또 찾는다. 찾는 방법은? 사실 답은 없다. 막 뒤진다. 정말 막 뒤진다. 잠들기 전까지 인터넷 서치를 멈추지 않는다. 그리고 신문도 뒤진다. 그래도 없을 땐 과거 받았던 제보들을 다시 처음부터 훑어간다. 혹여 놓쳤던 아이템이 있을 수도 있으니, 그때 어느 집 누렁이가 새끼를 낳는다고 했던 것 같은데… 하면서 말이다. 이럴 땐 정말 돈 주고라도 사고 싶을 정도다.

그렇게 뒤지고 뒤지면 안 나올 것 같던 아이템도 끝내는 나온다. 왜일까? 방송을 해야 하는 작가에겐 끈기라는 초인적인 힘이 발휘되니까. 어떻게든 나올 때까지 찾아낸다. 그렇게 찾고 나면 또 안도의 한숨을 내쉰다.

"한 주도 막았다."

사실 무분별한 제보들 속에서 진주를 찾아내기란 쉬운 일이 아니다. 하지만 가려내는 방법이 있다. 바로 전화 취재. 전화로 한 시간이고 두 시간이고 대화를 하다 보면 이게 아이템이 될지 안 될지 보인다. 동물을 촬영하더라도 주인의 성향, 주인의 특징도 참 중요하다. 그리고 그 사람이 잘 파악이 되고 그 사람과 말이 통해야 동물을 촬영하는데도 수월해진다.

무분별한 제보의 늪에서 살아남는 법

「TV 동물농장」은 하루에도 무분별한 제보들이 가장 많이 쏟아지는 프로그램 중 하나다. 그 안에서 아이템을 골라내는 건 정말 힘든 일이다. 특히 동물 같은 경우는 현장에 나가보기 전에 100% 판단할 수 없다. 하지만 그중에서도 일차적으로 걸러내야 하기 때문에 전화 취재가 중요한 몫을 한다.

한 번은 고양이를 구조해 달라는 전화를 받았는데, 깡통에 머리가 꼈다는 거다. 그런데 평소에도 구조와 관련된 전화를 많이 받기 때문에 급한 구조는 동물 구조협회에 넘기거나 바로 구조 촬영을 나가는데, 가끔은 장난으로 걸려오는 전화도 많아서 잘 가려내야 한다. 그걸 잘 솎아 내는 것도 작가의 몫이다(사실 구조를 다 해주고 싶지만, 여건이 그렇지 못하다.) 그날도 제보 전화를 한 통 받았다.

"지금 고양이 머리가 깡통에 꼈어요. 빨리 빼줘야 할 것 같아요."

"네? 고양이 머리가 어디에 꼈다고요?"

"깡통에 꼈다고요!"

"아니 고양이 머리가 어디 깡통에 꼈다는 거예요? 낀 거예요? 누가 일부러 그런 거예요?"

"그건 모르겠는데 깡통을 달고 있어서 앞이 안 보이니까 뛰어다니면서 계속 부딪혀요."

고양이 머리가 깡통에 꼈다니, 이런 일은 처음이라 통화를 할 때까지만 해도 반신반의했다. 그래서 재차 물어보고 또 물어보며 20여 분간 통화를 했다. 전화 취재는 만나서 취재를 하는 것과 달리 더 꼼꼼하게 체크해야 한다. 진짜인지 가짜인지 구별해야 하니 말이다.

당시 제보자는 긴 시간에 걸친 통화에도 일관성 있는 목소리 톤으로 차근차근 사건의 전후를 얘기했다. 그래서 난 이건 진짜라고 판단했다. 바로 피디에게 연락했고 부랴부랴 촬영을 나간 적이 있다. 전화 취재는 아무래도 직접 만나서 하는 것이 아니기 때문에 온 신경을 집중해야 한다. 그래서 나는 꼭! 이 두 가지를 확인한다.

1. 상황 설명을 일관성 있게 하는가 확인하기

   전후 사정을 들어보고 제보자가 일관된 설명을 하고 있는지 논리적으로 판단할 수 있어야 한다. 재차 같은 질문을 시간을 두고 질문했을 때 같은 대답을 들을 수 있어야 한다.

2. 목소리 톤에 귀 기울이기

   긴 통화를 하더라도 이성적으로 한결같은 톤을 유지하는지 봐야 한다. 그리고 그 톤과 어감에서 진정성을 찾아내야 한다. 사실 목소리만으로 진정성을 찾아내기가 쉽진 않지만, 그 사람에게, 그 사람의 목소리에 집중하면 감이 온다.

시사 프로그램을 할 때도 제보 전화를 많이 받았는데 유독 기억에 남는 제보자가 있다. 그날은 내가 평소보다, 다른 사람들보다 일찍 출근한 날이었다. 이른 아침 전화벨이 울렸다. 하지만 받자마자 끊겼다. 그리고 다시 또 전화가 왔다.

"뉴스추적 팀입니다."

"제보할 게 있어서요."

"네, 어떤 걸 제보하시려고요? 말씀해 주시면 됩니다."

"그러니까 시험지를 다른 책에서 똑같이 내고 그 책을 불법으로 만들고···."

"네? 시험지를 다른 책에서 냈다고요? 그게 무슨 말씀이세요?"

"그러니까··· 유출을 하고 있어요. 시험지를."

"제가 이해가 잘 안 돼서 그러는데, 혹시 제보하실 내용을 메일로 좀 받을 수 있을까요?"

"만날 순 없나요?"

제보자는 내가 무슨 말인지 알아듣기 어려울 정도로 횡설수설했는데 자꾸 만나서 제보를 하고 싶다는 거다. 일단 내용이 이해돼야 만나든 말든 할 텐데 참 답답했다. 무슨 말인지도 잘 못 알아듣겠는데 이걸 믿고 만나야 하나? 그런데 쉽사리 전화를 끊을 수 없었다. 그 이유는 딱 하나 제보자의 목소리 톤이 전혀 흔들리지 않았기 때문이다. 나는 그에게 일단 자료를 보내 달라고 말하고 전화번호를 받아 뒀다. 하루, 이틀이 지나도 메일이 들어오지 않았다. 그래서 제대로 된 제보가 아닌가 보다 했는데 딱 3일째 되는 날, 다시 연락이 왔다.

"자료를 메일로 보내기가 좀 그래서요. 만날 순 없나요?"

3일 만에 다시 연락이 와서는 자료를 메일로 주기가 좀 꺼려진다니. 그래서 오늘을 기필코 이해해 보리라. 다시 재차 전후 사정을 얘기해 주십사 부탁했다. 하지만 이번에도 횡설수설인 거다. 그런데 그 횡설수설이 이전 통화와 똑같은 게 아닌가.

결국 나는 두 번의 통화가 일관성이 있다고 판단했고 기자에게 전후 사정을 전달한 뒤 의견을 물었다.

"일단 네 느낌이 그렇다면 만나보자!"

다행히 기자는 내 감을 믿어줬고 드디어 제보자를 만났다. 그리고 그 횡설수설하던 얘기들을 다시 들었다. 그런데 이게 웬일? 제보자가 말하는 것들은 가히 충격적인 내용이었다. 바로 새해에 치러지는 국가고시의 시험 문제가 유출되고 있다는 것. 그것도 99%와 100% 합격률을 보이는 의대와 한의대를 비롯해 교사 국가시험 문제가 사전에 유출되거나, 관련 수험생들과 학계의 '담합'이 위험 수준에 이르렀다는 것이다.

그렇게 우리의 촬영은 시작됐고 한 통의 제보 전화로부터 시작된 <충격실태, 국가시험이 샌다>는 2011년도 새해를 뜨겁게 달궜다. 그때 난 또 한 번 느꼈다. 제보에서 옥석을 가리는 게 무엇보다 중요하다는 사실을.

방송 작가에 관한 흔해 빠진 오해 ④
프리랜서라서 프리할까?

6개월 열심히 일하고 6개월 신나게 해외여행을 갈 수 있다면 정말 행복한 삶이지 않을까? 내가 아는 작가는 1년 12달의 패턴이 거의 비슷하다. 6개월은 열심히 일을 해서 돈을 벌고, 또 나머지 6개월은 일한 만큼 쓰면서 나를 위한 시간을 보낸다. 직업이 방송 작가라고 하면 매일 쉬는 날이 없다고 생각하는 사람들이 많다. 하지만 그 역시 본인의 선택이다. 왜냐 우리는 말 그대로 프리 한 삶을 영위할 수 있는 프리랜서이기 때문이다. 이 말인즉슨, 12달 내내 일을 해서 더 많은 돈을 벌 것인지, 6개월 일하고 6개월 쉴지는 내가 결정할 수 있다는 말이다. 여기까진 너무 좋지 않은가? 하지만 꼭 명심해야 할 부분도 있다. 그만두고 싶을 때 그만두는 건 쉽지만 다시 일을 하고 싶을 때 마땅한 프로그램을 찾기란 어렵다. 그만큼 프리랜서에게는 경력관리가 중요하다. 그래서 난 후배들에게 꼭 당부하는 게 몇 가지 있다.

신입 작가부터 입봉서브 작가가 된 직후하고 1년은 절대 일을 쉬지 말라고 조언한다. 그 이유는 선배인 입장에서 보면 입봉하고 난 뒤가 가장 중요한데, 그 사이 공백이 생기면 '이 친구가 감을 잃지는 않았을까?'라는 생각을 하기 마련이기 때문이다. 이제 막 3분~4분 분량의 글을 쓰기 시작했는데 3개월만 쓰다가 6개월을 쉬었다고 생각해보자. 그럼 다시 신입 작가와 다름없는 실력이라고 판단할 수 있지 않을까? 어렵게 서브 작가로 입봉을 했다면 절대! 최소 1년은 열심히 일하자. 그리고 신입 작가와 서브 작가 때는 한 프로그램에 최소 10개월 이상은 있는 게 좋다. 우리는 그를 모르기에 1차적으로 이력서를 보고 판단하는데, 신입 작가와 서브 작가일 때 경험한 프로그램에서의 경력이 짧다면 '아, 그 정도의 성실성'이라고 앞서 판단하는 경향이 있기 때문이다.

8. 살 떨리는 방송사고
슬기롭게 극복하기

제발 방송사고만은!

 시간이 가장 중요한 방송국 안에서는 하루에도 크고 작은 일들이
항상 벌어진다. 녹화 직전까지 출연자가 도착하지 않는다거나 녹화
당일 출연자가 펑크를 낸다거나 생방송을 앞두고 방영해야 할 영상이
도착하지 않아 비상이 걸리는 일들이 다반사다. 이처럼 긴장의 연속인
곳이 방송국이다. 하지만 방송 작가라면 당황할 시간도 여력도 없다!
우리는 무조건 맡은 시간을 알차게 채워서 시청자와의 약속을 지켜야
한다. 그게 방송 구성작가가 해야 할 가장 중요한 임무니까.

 지난해 아침 생방송을 할 때의 일이다. 당시 남한과 북한에는 따뜻
한 기류가 가득했다. 평양에서 열린 강원 FC 15세 이하 팀 경기와 4.25
체육단 간의 대결은 전 세계인의 관심을 받기에 충분했다. 당연히 우
리 아침 방송팀 역시 이를 촬영하기 위해 피디가 평양으로 갔다. 그런
데 생방송 전날 사고는 터지고 말았다. 편집된 영상이 제작진 메일을

통해 도착했어야 하는데 아무리 기다려도 감감무소식인 게 아닌가. 전화 연결도 원활하지 않아 카카오톡이 북한에 있는 피디와 남한에 있는 작가와의 유일한 수단이었는데 그마저도 한 시간에 한 번 확인할까 말까였다. 생방송 시간은 점점 가까워져 오고 불안한 마음에 보이스톡으로 전화를 걸었지만 수신이 잘 될 리 없었다. 그날 우리는 오지 않는 영상을 기다리며 뜬눈으로 밤을 지새워야 했다. 사실 긴 분량의 영상은 아니었기에 새벽 1시~2시 정도에만 나와도 충분히 대본을 쓸 수 있는 상황이었기에 현장에 가 있는 피디를 믿고 기다렸다. 하지만 영상은 아침 6시 생방송이 시작됐음에도 불구하고 넘어오지 않았다. 점점 나와 서브 작가는 몸이 떨려왔다. 그렇게 시간은 흐르고 결국 생방송 1부1, 2부로 나뉜 2시간 아침 생방송 프로그램가 막을 내리는데도 오지 않았다. 우리는 기존에 2부의 첫 코너로 넣으려고 했던 평양 영상을 2부 맨 뒤 코너로 보냈다. 그리고 영상을 전혀 알지 못한 채 작가 마음대로내 맘대로 대본을 쓰기 시작했다. 알지도 못하는 내용의 대본을 쓰기 위해 기사들이 무한 출력됐다. 하지만 기사를 다 읽을 시간은 내게 주어지지 않았다. 그렇다고 시간이 없다고 팩트 검증을 소홀히 할 순 없었다. 정말 심장이 쪼그라드는 기분이었다. 생방송만 아니라면 다 내팽개쳐두고 도망가고 싶은 마음뿐이었다. 그렇게 심신이 고통 받고 있는 사이! 드디어 기다리고 기다리던 영상이 도착했다. 하지만… 처음 약속한 10분짜리 영상은 온데간데없고 달랑 5분짜리 영상이 도착했다. 아뿔싸. 남은 5분은 뭐로 메운담. 일단 나는 쓰다만 대본을 쓰기 시작했다. 결국 대본 쓰랴, 팩트 검증하랴. 내 생에 가장 빨랐던 대본 쓰기가 아니었을까 싶다. 우여곡절 끝에 대본이 나왔고 서브 작가는 대본을 들고 스튜디오로 뛰었다. 그리고 나는 그사이 무슨 토크로 5분을 채워야 하나 고민에 휩싸였다. 그리고 대본을 쓰기 위해 출력했던 기사를 아나운서에게 전달했다. 무사히 평양 영상은 전파를 탔고 그날 아나운서들은 5분 동안 평양 영상을 기반으로 한 후기 토크로 시간을 잘 메워줬다.

생방송에서 큐시트방송 프로그램의 제작에 필요한 준비와 지시 사항을 기록해 놓은 표는 가장 중요하다. 큐시트에 따라 그날의 방송이 진행되기 때문이다. 녹화는 교정이 가능하지만 생방송은 그럴 수 없다. 무조건 약속된 시간 안에 끝나야 한다. 그런데 큐시트에 문제가 생긴다면? 과거 한 방송사의 아침 생방송 프로그램에서 큐시트 실수로 인한 방송사고가 난 적이 있다는 얘기를 들은 적이 있다.

신입 작가가 큐시트를 만들었는데 메인 작가가 제대로 확인을 하지 않았던 거다. 그런데 하필 그날! 문제가 터지고 말았다. 큐시트가 틀렸다는 걸 아무도 인지하지 못하고 방송은 시작됐고, 결국 그대로 방송은 흘러갔다. 그런데 마지막 VCR은 끝나가는데, 아나운서가 엔딩 멘트를 하기에는 너무 시간이 일렀던 거다. 결국 다시 시간을 맞춰보니 큐시트의 시간이 잘못 계산된 채로 쓰여 있었던 거다. 결국 10분을 메워야 하는 상황. 평소 같으면 VCR이 끝나고 후토크가 없었을 아이템인데 리포터의 후토크가 시작됐다. 그것도 평소에는 30초면 끝났을 후토크가 무려 3분가량 이어졌다. 하지만 아직도 7분이 남았고, 그 시간을 채우기 위해 메인 작가와 아나운서는 고군분투할 수밖에 없었다. 앞에서 다뤘던 아이템을 한 번 더 정리하는가 하면, 2부에 나올 아이템까지 미리 선 공개하기도 했다고.

작가들은 예측 불가능한 상황들에 수없이 놓인다. 하지만 당황할 시간이 없다. 어떻게든 방송은 나가야 하고, 그 시간을 메꿔야 한다. 그러기 위해선 잔머리(?)를 써서라도 어떤 식으로든지 비책을 강구해야 한다. 당황하고 있을 시간은 나에게 주어지지 않는다. 그래서 난 요즘도 혹여 생방송 날 출연자가 못 올 경우를 대비해 늘 대안을 마련해 놓는다. 그날 소개할 주제와 관련된 추가 정보를 미리 정리해 두거나 미방송된 부분의 내용을 좀 더 준비해서 시청자들에게 깨알 팁을 주기도 한다. 이렇게까지 했는데도 시간이 부족하다면, 아침 방송이라는 포인트를 살려 당일 날씨에 대한 옷차림에 대한 정보나 청소 팁 등 아나운서들의 기량을 발휘해 시간을 메꿀 수 있도록 준비하기도 한다.

임기응변에 능한 방송 작가

임기응변: [명사] 그때그때 처한 뜻밖의 일을 재빨리 그 자리에서 알맞게 대

처對處하는 일

방송 구성작가라고 하면 우아하게 앉아서 커피를 마시며 원고를 쓰고, 스튜디오에서 진두지휘할 것만 같지만 우리의 일은 예상처럼 순탄하지 않다. 언제 어디서 사고가 발생하고 예상치 못한 곳에서 문제가 생긴다. 그렇기에 방송 작가의 최고의 역량은 임기응변 능력이라고 해도 과언이 아니다.

음악 프로그램을 할 때의 일이다. 녹화 당일 새벽 6시. 갑자기 멤버 중 한 명이 팔을 다쳐 응급실이라며 출연을 못 하겠다는 메인 출연팀의 연락을 받았다. 10시에 녹화가 시작될 예정이었고 스텝들 20여 명이 모이는 상황. 심지어 당장 녹화 후 편집을 해 방송을 내보내야 하는 제작 일정이었으므로 녹화를 전면 취소할 수 있는 상황도 아니었다. 다급히 피디와 통화 후 회사로 향했고 오전 7시 비상 회의가 열렸

다. 출연자로는 부득이하게 취소가 된 메인 출연자 한 팀과 서브 출연자 한 팀, 총 두 팀이 무대에 서기로 예정되어 있었다. 당연히 대본도 이미 나온 상태였다. 난 한시라도 빨리 대책을 강구해야 했다. 결국 서브 출연자로 섭외했던 팀을 메인 팀으로 올렸고 나는 대본을 새로 쓰기 시작했다. 녹화까지 남은 시간은 한 시간. 난 내가 이렇게 집중력이 좋은지 그날 새삼 깨달았다. 그리고 그사이 서브 작가의 손놀림도 함께 바빠졌다. 순식간에 공석이 돼버린 한 팀의 자리를 당장 대치해 줄 출연팀을 찾아야 했기 때문이다. 쉴 틈 없이 손가락에 땀 날 정도로 전화를 돌린 끝에 다음 주에 예정되어 있던 서브 출연자가 당장 와줄 수 있다는 답을 건넸다. 당시 서브 작가와 부둥켜안고 환호성을 내지르는 바람에 조용했던 작가실이 떠들썩해졌지만 세상을 다 가진 기분이었다.

갑작스럽게 출연자가 펑크나는 일은 아마 지금 이 시각에도 어느 제작진에게 비일비재하게 일어나고 있을 것이다. 이런 상황에서 얼마나 발 빠르게 대처하는가도 작가의 능력 중 하나라 할 수 있다. 문제가 생겼을 때 대책을 보다 빨리 마련해 내는 것. 그리고 대본을 다시 써야 하는 일이 생기더라도 당황하지 않고 후다닥 써 내려가는 것. 그걸 완벽하게 해낼 수 있도록 작가들은 부단히 노력해야 한다.

그렇다면 임기응변에 능한 작가가 되기 위한 방법은 뭘까? 개인적인 경험을 토대로 얘기하자면 이렇다. 임기응변에 강한 작가가 되려면 생방송이나 뉴스 경험을 해보는 것이 좋다. 그런 프로그램은 워낙 그날그날 변화되는 상황도 많고, 생각지도 못한 상황이 생기기 때문에 해당 프로그램의 경력이 있다면, 없는 작가들에 비해 대처능력도 높아지고 다급한 상황을 어떻게 해결해야 할지 빠르게 두뇌 회전이 된다. 결국 경험에서 나오는 거긴 하겠지만, 선배들이 '이럴 땐 이렇게 하더라'라는 것만 꿰고 있어도 성공이라고 볼 수 있다. 그 외에도 훈련 방법을 말해보자면 시간을 정해놓고 작업하는 습관을 들이는 것이 중요하다. 마감 시간은 당연히 있겠지만 그 외에도 나만의 작업 시간을 정해놓고 작업하는 습관을 들이면 좋다. 예를 들어 자료조사는 반드시 한 시간 안에 완료할 것, 세 시간 안에 무조건 섭외는 끝낼 것 등 나만의 마감 시간을 정해두는 게 필요하다. 순발력도 상당히 중요한데 이 순발력이라는 건 그때그때 상황에 대비하는 습관을 들이다 보면 저절로 생기는 것 중 하나다. 누구든 벌어지지 않은 상황을 예측해 준비한다는 게 쉽지 않지만, 혹시나 하는 생각으로 대비하는 습관을 들인다면 그 어떤 작가보다 임기응변에 두각을 나타내는 작가로 인정받을 수 있을 것이다.

방송 작가에 관한 흔해 빠진 오해⑤
남자는 작가가 될 수 없을까?

"남자 작가라고?"

"여자 작가들 사이에서 버틸 수 있을까?"

조금 안타깝지만 요즘도 남자 작가를 면접 보기 전 많은 작가들이 고민에 빠진다. (편견이 아니고 우려라고 해두지.) 나 역시도 세 번이나 남자 작가와 일해본 적이 있다. 방송 작가 일을 처음 시작할 당시 내 첫 사수이자 메인 작가가 남자였다. 그리고 두 번째는 「TV 동물농장」에서 일할 당시 신입 작가가 남자 작가였다. 세 번째는 내가 세컨 작가메인 작가 바로 아래 작가 때 함께 일했던 작가이다. 내가 그 프로그램에 들어가기 전 그 친구는 그 프로그램에서 이미 일하고 있었다. 내가 뽑은 건 아니지만 남자 작가가 내 바로 밑 후배로 일했던 경우는 처음이라 조금 당황스럽기도 하고 불편함이 들기도 했다. 그런데 그런 걱정은 단 이틀 만에 사라졌다. 당시 프로그램이 강연 프로그램이다 보니 일반인을 섭외해야 하는 일이 많았다. 보통 남자 작가들이 전화 섭외를 할 때 여자 작가들에 비해 리액션이 적은 편이라 무미건조한 통화를 하기 마련인데 그 친구는 본인이 신이 나서 통화를 하는 게 아닌가. 급기야 섭외하려는 사람과 수다를 떨고 웃으면서 통화를 하고 있었다. 그때까지만 해도 나 역시 섭외 전화는 싹싹한 여자인 친구들이 더 잘할 거라는 생각이 지

배적이었는데 이 친구가 통화하는 모습을 보고 그 생각이 틀렸음을 알게 됐다.

그 친구의 싹싹함은 스튜디오에서도 이어졌다. 출연자들도 전혀 불편해하지 않고 그 친구를 대했다. 그 뒤로 그 후배는 내가 애정 하는 후배 중 한 명이 됐다.

즉, 남자가 작가가 될 수 없는 건 아니다. 대부분 남자가 작가가 되길 꺼려하는 이유는 아무래도 여자가 많은 집단이기 때문에 우려하는 건데, 본인이 잘 적응하고 잘 동화된다면 전혀 문제가 될 이유가 없다. 선배 작가들도 처음에만 불편해하지, 오히려 듬직하다고 좋아하는 경우도 많이 봤다. 그러니 남자라는 이유로 내가 좋아하는 일을 포기하는 후배들이 생기지 않았으면 좋겠다.

9. 프로그램이 전파를 타기까지, 버티고 또 버텨라!

내 생애 최고의 서바이벌

최근 각광받고 있는 장르 중 서바이벌을 빼놓을 수 없다. 아이돌 데뷔를 목표로 한 서바이벌 「프로듀스」시리즈부터 최고의 요리사를 가리는 「한식대첩」, 최고의 트로트 가수를 선정하는 「미스트롯」, 창업계의 떠오르는 최강자를 선정하는 「대한민국 창업프로젝트 천지창조」등 그 분야도 다양하다. 서바이벌의 매력은 그들이 단계를 거듭하는 동안 함께 손에 땀을 쥐게 하는 묘미와 재미를 선사한다. 때문에 시청률도 고공행진을 하는 경우가 많다. 하지만 시청자들이 재미있게 보는 프로그램일수록 제작진은 힘들다는 얘기는 방송국 안에서는 기정사실화 된 얘기다.

서바이벌 프로그램을 제작했던 때가 있다. 지금 돌이켜보면 당시가 가장 힘들었던 시기가 아니었을까 싶다. 아무래도 적게는 몇천 명, 많게는 몇만 명의 인원을 두고 서바이벌을 벌여야 하다니 쉬울 리가 없었다. 게다가 내가 맡았던 서바이벌 프로그램은 각 부처의 개입도 크게 작용했다. 당시 4개의 부처미래부, 국방부, 교육부, 중기부가 각각의 의견들을 내기 시작했는데, 그 조율 과정만도 2개월 남짓 걸린 것 같다. 이때 또 한 번 느꼈다. 작가의 자질 중 가장 필요한 항목은 끈기라는 것을.

기획이 바뀌면 신입 작가부터 서브, 메인 작가까지 모두 모여 아이템 회의부터 다시 시작한다. 그리고 다시 백지에서 작업한다. 주어진 시간은 단 이틀, 밤을 새우고 또 밤을 새우며 아이디어를 낸다. 그리고 다시 기획안을 쓴다. 신입 작가 시절부터 버티고 또 버텼지만, 메인 작가가 돼서도 수많은 고비를 버텨내고 있다. 하지만 그런 조율 단계 역시 작가들이 거쳐내야 하는 과정 중 일부분이다. 특히 부처나 협찬사와 함께 작업하면 기획하는 게 좀 더 까다로워진다. 그럴 때는 그 절충을 잘하는 것도 작가의 능력이다. 안 되는 건 명확하게 안 된다고 말해야 하며, 되는 것도 가능한 범위를 반드시 말해줘야 한다. 그들은 방송을 잘 모른다는 전제하에 말이다. 협찬사라고 해서 모두 다 된다고 했다가 안 되면, 그 낭패도 우리 몫이다. 요즘은 협찬을 받아 만들어지는 프로그램이 많다. 때문에 이런 조율 능력도 필수가 되고 있다. 어떤 프로그램이냐에 따라 다르지만 대부분의 협찬사는 많은 노출을 요구한다. 더구나 구성에 어긋나는 노출을 요청하는 경우가 많은데 그런 것들은 구성 흐름을 바꿔서라도 첨가해줘야 하는 경우가 많다. 이때 문제없이 절충을 잘하는 것도 작가의 역량이다.

···························· 협찬사 의견 절충 요령 ····························

1. 싹싹하게 그들의 요구 조건을 잘 들어주는 게 중요하다.

2. 방송사의 특성&구성상 적절한 노출 범위를 구분해야 한다.

3. 그들의 요구가 3개다, 그러면 논리적 근거를 토대로 1개는 들어주되
   2개는 포기하도록 만들 수 있는 능력이 필요하다.

당시 내가 쓴 기획안만 해도 10개의 버전이 넘었던 것으로 기억한다. 비슷한 창업 프로그램을 모니터링하고, 서바이벌 프로그램을 모두 섭렵해가며 기획했던 구성을 바꾸고 또 바꾸고 기획안을 새로 쓰고 또 새로 썼다. 한 프로그램이 전파를 타기까진 수 없는 고비들과 맞닥뜨린다. 하지만 작가들은 버텨낸다. 좋아하는 일임으로.

논리적인 말발이 필요해!

기획안만 수정되면 양호한 편이다. 보통 협찬사와 일을 할 경우에는

편집된 영상을 그들이 감수하기 마련이다. 당연히 제작비를 지급하고 협찬을 하는 거라지만, 제작의 영역에 있어서만큼은 함께 절충해야 마땅한데, 그렇지 않은 곳도 부지기수다. 때문에 작가와 피디들이 가장 긴장하는 단계가 기획 이후에는 협찬사에 편집 영상을 보여줄 때다.

친한 피디가 축산업과 관련된 다큐멘터리를 제작한 적이 있다. 한 시간짜리 다큐멘터리였고 촬영 기간 또한 두 달 남짓이었다고 한다. 그렇게 긴 촬영을 마치고 밤새워서 편집을 한 뒤 영상을 감수받던 날, 이런 대화가 오고 갔단다.

협찬사 담당자 A "이 부분에 저희 현수막이 노출되면 좋을 것 같은데."

협찬사 담당자 B "현장 그림도 중요하지만, 우리 사무실도 살짝 노출되면 어떨지."

영상 감수가 끝난 뒤 피디는 그들의 반응을 이렇게 표현했다.

"역시는 역시… 협찬사의 갑질을 잠시 잊고 있었어."

당연히 그들의 요구라고 해도 들어줄 수 없는 부분들이 있다. 그런 부분들은 감수할 당시 충분한 논의를 통해 절충하지만 서로의 이해관계가 잘 성립되는 경우는 소수다. 결국 그날 피디는 다시 협찬사의 입맛에 맞도록 이틀 밤을 새워 수정을 했고, 그 이후로도 세 번의 감수가 더 진행되고 나서야 어렵사리 전파를 탔다고 한다. 여기서 피디와 협찬사의 조율점이 잘 찾아지지 않는 이유는 단 하나다. 피디는 제작진의 마인드로 촬영을 하고 편집을 한다. 아무리 협찬이라고 하더라도 말도 안 되는 지점에 협찬 노출을 하는 것을 꺼려할 수밖에 없다. 하지만 협찬사는 막무가내로 여기에도 노출, 저기에도 노출을 요구하고 드니 의견 차이가 커질 수밖에 없다. 그렇다면 이 부분에서 작가는 무슨 역할을 해야 할까? 당연히 피디 곁에 앉아 피디와 함께 의견을 피력해야 한다. 그리고 해당 영상에 이런 내레이션이 들어갈 거라며 대략적인 구성의 흐름을 짚어준다. 그리고 그들의 요구가 현재 상황에서 가능한지 불가능한지 판단하는 역할을 한다. 결코 영상 감수를 하는 자리가 피디 홀로 영향력을 행사하는 자리가 아니라는 거다. 결국 그 영상을 토대로 대본을 써내야 하는 게 작가이기 때문에 영상의 내용이 막무가내로 바뀌는 것을 결단코 막아내야 한다. 의도치 않은 영상 그림이 협찬사의 말대로 추가가 될 경우, 그 부분에 어떤 글을 얹어야 할지도 바로 고민해 낼 수 있어야 하기 때문이다.

또 협찬사의 대부분은 편집뿐 아니라 자막과 대본을 일일이 감수하기도 한다. 좋게 해석하면 틀린 정보가 있을지 모르니 전문가가 한 번 더 본다는 것이고, 나쁘게 해석하면 '감 놔라 배 놔라' 하고 싶은 거다.

한 번은 쌀과 관련된 촬영을 한 뒤 영상을 감수 받고 자막을 쓰는

데 협찬사에서 단어 하나하나까지 간섭하기 시작했다. 어렵고 전문적인 단어 대신 훨씬 쉽고 간결한 단어를 찾았다고 생각했던 것들까지 그들은 걸러내기 시작했다. 그리고 길고 어려운 단어들로 대체해 달라는 요구를 하는 게 아닌가. 당연히 이해할 수 없는 요구에 반기를 들었다. 논리적으로 설득시키기 위해 단어와 단어를 비교하면서 설명했고, 다행히도 협찬사에서는 이에 수긍했다. 이처럼 협찬사가 있는 프로그램은 작가들이 더 신경 써야 할 것들이 많다. 처음에 기획은 물론이고, 촬영 장소 섭외 때도 협찬사의 권유가 뒤따르기도 한다. 더 강력하게, 꼭 본인들이 선택한 곳에서 촬영을 해달라는 경우도 있다. 또 촬영 때는 예정에 없던 윗분들(?)의 갑작스러운 등장으로 구성에 필요 없는 인터뷰가 끼어들기도 한다. 당연히 그들의 요구대로 했음에도 방송의 퀄리티가 괜찮다면 다행이지만 그렇지 못한 경우들이 많기 때문에 이럴 땐 앞서 말한 대로 논리적인 작가의 설득력이 빛을 발해야 한다.

방송 작가에 관한 흔해 빠진 오해 ⑥

방송 작가 그만두면 먹고살 길이 막막하다고?

"방송 작가를 그만두면 뭘 하나요?"

"프리랜서라 정년이 보장되지도 않잖아요?"

이 질문에 늘 답해주는 말이 있다. 마음만 먹으면 할 수 있는 일은 아주 많다고. 주변을 본 결과 가징 많은 비중을 차지하는 건 출판사 업계로 전향하거나 대기업 홍보팀이나 마케팅 부서에 입사하는 작가들이다. 드라마를 공부하는 작가들도 있다. 또 예상외로 방송 일을 하다 보면 예측하지 못한 곳에서 일이 들어오기도 하고 방송 작가로 지내온 시간 동안 쌓아온 인맥 덕분에 내가 하고자 하는 분야에 손을 뻗을 수 있는 기회도 의외로 많다. (1. 출판사 2. 광고회사 3. 대기업 홍보팀 4. 신문사&잡지사 5. 순수문학 출간) 대부분 글이 좋아 방송 작가가 된 사람들이다 보니 글과 거리가 먼 분야로 직업을 선택하지는 않지만 다양하게 진로를 고민할 수 있는 여지는 충분하다.

1년 전부터 동화를 배우고 있다. 방송 작가로 글을 쓰고는 있지만, 오래전부터 관심 있던 동화책을 내기 위해서다. 배움을 통해 방송일과 별개로 많은 사람들을 만나게 됐다. 유치원 선생님도 있고 논술학원 선생님도 있고 몸은 아프지만 열정은 그 누구보다 큰 분들도 있다. 그분들은 늘 나를 보면 얘기한다. "젊어서 좋겠다!" 그렇다. 우리는 지금 젊다. 그 어떤 꿈도 펼칠 수 있다

는 얘기다. 고민할 시간에 결정을 한다면 보다 멋진 인생을 살 수 있지 않을

까?

모든 프로그램에는
작가가 있다!
_분야별 작가의 특징

1. 예능 프로그램

예능 프로그램의 정의와 특징

예능이란 시청자들에게 재미와 즐거움을 주는 한 장르로 요즘 가장 많은 프로그램이라고 봐도 무방하다. 대표적으로는 버라이어티쇼, 코미디, 토크쇼, 시트콤 등이 속한다. 하지만 예능이라고 해서 재미만 추구하는 것은 아니다. 그 안에서 따뜻함도 전하고 교훈을 전하기도 한다.

지난해 tvN에서 방송된 「알아두면 쓸데없는 신비한 잡학사전」, 줄여서 「알쓸신잡」은 버라이어티 프로그램으로 예능으로 분류된다. 당시 유시민과 유희열, 김영하 등 각 분야의 박사라고 칭할 수 있는 사람들이 MC로 나서 국내는 물론 해외를 넘나드는 글로벌 수다를 펼쳤다. 그 안에는 재미뿐 아니라 삶의 지혜와 교훈이 담겨있어 시청자들의 큰 관심을 모았다.

KBS2에서 방송되고 있는 「대국민 토크쇼 안녕하세요」 역시 예능으로 분류된다. 하지만 시청자들의 고민을 나누는 데 그치는 것이 아닌

패널들의 삶의 지혜를 공유한다. 특히 대중들의 적극적인 참여와 공감 가는 일상적인 이야기들이 오가다 보니 함께 눈물을 흘리는가 하면 함께 웃을 수 있다. 이처럼 예능은 재미를 넘어 대중들과의 공감대 형성에 큰 영향을 미친다.

또 예능 프로그램은 열풍을 불러일으킨다. tvN에서 방송된 「윤식당」의 카페 버전인 「커피프렌즈」는 유연석과 손호준, 최지우와 양세종이 세주도에 기부 기페를 오픈한 건데, 이 프로그램이 방송되고 난 뒤 주춤했던 제주도의 관광객들이 증가했다고 한다. 비슷한 예로 「꽃보다 누나」, 「꽃보다 할배」도 언급할 수 있겠다. 잘 알려지지 않았던 여행지를 방문함으로써 현지에 대한 대중들의 관심을 끌어냈으며 관광객 역시 대폭 증가했다.

이처럼 예능은 시대의 흐름을 주도하기도 하고 웃음을 선사하며 대중들의 관심을 한몸에 받는 분야라고 할 수 있다.

예능 작가의 역할

보통 '예능 프로그램이다', '리얼리티다'라고 하면 대본이 없을 거라고 생각한다. 하지만 예능 프로그램에도 상당히 두툼한(?) 대본이 존재한다. 하지만 우리가 흔히 생각하는 대본과는 조금 다르다. 그 이유는 예능도 어떤 프로그램을 제작하느냐에 따라 대본의 틀이 달라지기 때문이다. 웃음은 물론 감동까지 담아내야 하는 예능 작가, 그렇다면 그들은 어떤 일을 할까?

앞서 언급했던 「대국민 토크쇼 안녕하세요」와 같은 토크쇼를 예로 들어보면 일반인의 사연을 받아 진행되는 만큼 가장 첫 단계가 일반인을 섭외하는 일이다. 하지만 일반인 섭외는 작가들이 가장 어려워하는 일 중에 하나다. 특히 토크쇼에 나와서 일반인이 자신의 사연을 이야기한다는 것은 절대 쉽지 않다. 때문에 예능 작가의 자질 중에 섭외력을 1순위로 꼽는 사람도 많다. 끈기와 의지로 일반인 게스트를 섭외했다면 자료를 준비해야 한다. 그 게스트에 대한 모든 정보를 모아야 한다. 인터뷰 취재는 기본이고, 주변 인물에 대한 취재도 진행해야 한다. 특히 「대국민 토크쇼 안녕하세요」같은 경우는 사생활에 대한 사연이 핵심인 만큼 가족 혹은 친구, 지인들의 이야기를 잘 뽑아내야 한다. 게스트를 둘러싼 모든 것들이 취재됐을 때 이야깃거리가 많아짐은 물론 다양한 질문을 녹일 수 있기 때문이다. 이 과정을 기반으로 기본적인 구성안 작업을 한다. 취재한 내용을 토대로 중심이 될 주제를 잡고 그 주제를 둘러싼 이야기를 가지고 가지치기를 한다. 이게 어느 정도 정리가 되면 대본으로 작업을 이어간다. 대본에는 어떻게 시작을 할 것이며 어떤 과정을 통해 재미와 감동을 줄 것인지, 그리고 어떤 결론에 도달할 것인지 까지 정리한다. 특히 토크쇼는 언제, 어디서 출연자들이 끼어들어 올지 모르기 때문에 대본을 쓸 때도 염두에 두어야 한다. 그럴 때를 대비해 메인 MC에게 순서와 방향을 잘 이끌어 가도록 유도하는 것도 중요하다.

대본이 완성되면 큐시트를 만든다. 큐시트에는 녹화의 순서가 시간 순으로 정리된나. 기술, 조명, 음향, 카메라, 의상 등 프로그램 제작에 관여하는 전 스태프에게 줄 용도인 만큼 꼼꼼하게 만들어야 한다. 특히 생방송으로 진행되는 거라면 더 주의를 기울여 만들어야 한다. 이 큐시트 한 장으로 수십 명의 스태프들이 움직이기 때문이다.

자, 이제 드디어 녹화를 알리는 '큐' 사인이 떨어졌다. 보통 녹화는 실내 세트장에서 하기도 하고 야외에서 하기도 하지만 「대국민 토크쇼 안녕하세요」는 기존에 세워진 세트장에서 진행된다. 이때 작가들이 해야 할 가장 중요한 일은 일반인 게스트를 챙기고 방청객을 관리하는 일이다.

녹화가 마무리되면 보통은 프리뷰를 해야 한다. 보통 1시간짜리 방송인데도 불구하고 녹화는 최소 4시간에서 최대 8시간 이상씩 진행되기 때문에 그 상황을 다 기억할 수 없을뿐더러 일일이 영상을 돌려가면서 찾아볼 시간도 부족하다. 그 때문에 영상에 무엇이 찍혔는지 꼼꼼하게 글로 받아 적는 것을 프리뷰라고 하는데, 엄청난 시간을 들이는 작업인 만큼 최근엔 프리뷰를 해주는 전문 인력을 충원하기도 한다.

프리뷰가 나온 뒤 작가들이 해야 할 일은 편집구성안을 쓰는 일이다. 어떤 화면을 어떻게 이어 붙일지 구성을 하는 일인데, 이 작업이 필요한 이유는 후반 작업을 원활하게 하기 위함이다. 보통 편집구성안을 보고 피디들이 편집을 시작하고 어떤 부분에 어떤 자막을 넣을지, 어떤 CG를 넣을지 고민하기 때문이다.

결론적으로 예능 작가는 프로그램을 기획할 때부터 방송이 전파를 탈 때까지 관여하지 않는 단계가 없다. 물론 작가가 일을 도맡아 하는 것은 아니지만 피디와 함께 이 과정들을 헤쳐나가야 한다.

예능 작가로 살아남는 법

다른 장르에 비해 작가가 촬영 현장에 가장 많이 동행하는 게 예능 작가다. 따라서 예능 작가라면 현장에 강해야 한다. 이 말은 스튜디오가 아닌 야외 녹화의 경우 장소를 물색하는 건 기본이고 녹화가 잘 진행될 수 있도록 주변 상황을 확인하고 준비해야 한다. 그리고 현장을 거침없이 누벼야만 아이디어가 샘솟는다. 답사를 하러 갈 때 촬영지 한 곳만 확인하지 말고 그 주변의 모든 것으로 눈을 돌려야 한다. 산, 바다, 호수, 논, 밭 등 지금 내 눈에 보이는 모든 것들이 방송에서 하나의 상황이 될 수 있다. 그리고 장소가 달라지면 그곳에서 만들어내는 상황도 달라질 수 있다. 예를 들어 아무것도 없는 잔디밭과 징검다리가 놓인 강가에서 하는 게임의 종류는 다를 수 있다.

보통 야외 촬영을 할 경우 연예인들로 인해 인파가 급격하게 몰릴 수 있다. 또 차량을 통제해야 하는 경우도 발생한다. 이럴 경우는 촬영으로 인해 제삼자가 피해 보지 않도록 양해를 구해야 하며, 시간대별로 교통량을 확인 후 적합한 시간대를 선정하는 것도 중요하다.

예능 작가들은 순발력도 중요하다. 워낙 야외에서 촬영하는 경우가 많다 보니 소품의 종류, 개수, 사용 방법까지 꿰고 있어야 한다. 또 갑자기 필요한 소품이 생기면 당장 달려가서 구매해야 하는 만큼 촬영지 주변에 어떤 가게가 있는지 눈여겨봐 두어야 한다. 즉, 예능 작가로 살아남기 위해선 현장에 강해야 한다. 현장을 잘 아는 작가일수록 대응할 수 있는 능력도 상승하기 마련이다.

시도 때도 없이(?) 나는 아이디어 뱅크

언제 어디서나 아이디어를 고민해야 하는 게 작가의 숙명이다. 그래서 나에게는 버릇이 하나 있다. 내가 겪는 경험 대부분을 게임이나 구성 아이디어로 접목시키는 것이다. 예를 들면 술자리에서 술을 마시다가 게임을 하게 되는 경우가 종종 있는데, 그때 나온 게임들을 방송용으로 만들어 보는 시뮬레이션을 해본다. 물론 이미 예능 프로그램에 나온 것들도 많기 때문에 새로운 게임을 만들기 위해 이렇게, 저렇게 고민을 해본다. 이렇다 보니 나의 술자리는 늘 일의 연장선인 것 같다. 또 친구들과 쇼핑을 하거나 미용실에 가서 머리를 할 때도 혹은 강아지 산책을 시킬 때나 공원 산책을 할 때도 내 머릿속은 바쁘게 돌아간다. 일상에서 보고 겪는 것들을 어딘가에 녹여볼 수 있을까 싶은 욕구 때문이다.

한 번은 이런 일이 있었다. 얼마 전 이사한 집이 주상복합 아파트인데 점심시간만 지나면 아이들의 놀이터로 변한다. 때문에 아이들의 자전거와 킥보드가 줄지어 서 있는데, 한 태권도 학원 앞에 유독 많은 킥보드가 줄지어서 있는 게 아닌가. 보자마자 어른들의 주차장이 떠올랐다. 그리고 킥보드 주차장과 관련된 게임 아이디어를 수없이 고민했다. 그리고 예능 프로그램을 오래 제작해온 친한 후배에게 전화를 걸어 다짜고짜 아이디어를 건넸다. 그리고 며칠 뒤 그 후배가 연락이 왔다.

"언니가 말해준 킥보드 주차장, 그거 내가 방송에서 게임이랑 연결해서 써먹었어요."

내 프로그램도 아닌데 어찌나 뿌듯하던지 또 생각나면 아이디어를 공유하겠노라 약속했다.

이처럼 작가들은 보고 듣고 겪는 모든 것들을 나만의 아이디어로 각색한다. 그리고 그것들을 나만의 보석함에 담아두고 적재적소에 꺼내 쓸 수 있어야 한다. 때문에 우리에게 하루, 24시간은 단 1초도 무의미한 시간이 없다.

2. 교양 프로그램

교양 프로그램의 정의와 특징

　현재 제작되는 프로그램 중 가장 많은 장르를 차지하는 것은 교양 프로그램이라고 볼 수 있다. 하루에 한 채널을 고정적으로 본다고 했을 때 50% 이상을 교양 프로그램이 차지하고 있다.

　사실 교양 프로그램을 정의하기란 여간 어려운 일이 아니다. 통상적으로 우리나라에서는 '교양 프로그램'하면 시사나 다큐멘터리, 드라마, 예능 프로그램을 제외한 스튜디오에서 녹화하는 정보나 토크 혹은 가벼운 오락 프로그램을 말한다. 하지만 방송통신위원회에서 말하는 '교양 프로그램'은 '드라마와 예능을 제외한 모든 영역의 프로그램'을 지칭한다. 여기서 '교양'이란 시사와 다큐멘터리 등을 포함한다. 즉 「추적60분」, 「그것이 알고 싶다」 등의 시사 대표적인 시사 프로그램 역시 교양이라는 장르 안에 포함된다.

　교양 프로그램이란, 학문이나 예술 세계뿐만 아니라 문화 활동, 건강, 레저, 교양, 교육, 취미생활, 요리, 인테리어 등 다양한 소재를 광범

위하게 다룬다. 즉, 이러한 소재들을 어떻게 콘텐츠에 담아내는가, 그 방식에 따라 프로그램의 성격도 크게 달라질 수 있다. 최근에는 교양 프로그램의 소재를 가지고 리얼리티, 오락, 연예, 정보, 버라이어티 등 다양한 포맷으로 혼합시켜 만드는 추세기도 하다. 이를 두고 '쇼양' 이라고 부른다.

대표적인 교양 프로그램을 예로 들어보겠다.

KBS2 생방송 아침이 좋다 ┃ SBS 모닝와이드 ┃ KBS1 아침마당
KBS2 그녀들의 여유만만 ┃ MBC 생방송 오늘 아침 ┃ KBS1 6시 내고향
KBS2 2TV 생생 정보 ┃ SBS 생방송 투데이 ┃ MBC 오늘 저녁

기본적으로 주부들을 대상으로 하는 아침, 저녁 생활 정보 프로그램은 교양 프로그램이 대부분이다.

교양 작가의 역할

넓어도 너무 넓은 장르를 소화해야 하는 만큼 가장 바쁜 작가가 교양 작가가 아닐까 싶다. 그렇다면 그들은 어떤 일을 할까?

보통 정보를 기반으로 하는 교양 프로그램은 스튜디오와 VCR의 사용 여부에 따라 기획, 콘셉트, 촬영, 편집, 대본, 자막 등 전반적인 업

무를 하게 된다. 가장 먼저 정보를 어떻게 가공할 것인가 고민한다. 쇼 형태의 구성을 가져갈 것인지, 토크를 가져갈 것인지 말이다. 다음은 정보를 어떻게 엮을 것인지 고민한다. 비슷한 정보를 엮을 것인가, 상반된 정보를 어떻게 분류할 것인가이다.

예를 들어 여름 하면 '이열치열'이라는 말이 떠오른다. 그렇다면 뜨거운 음식 두 가지 예 짬뽕 vs 삼계탕를 비교해 보여줄 것이 효과적일지 반대로 차가운 음식 예 삼계탕 vs 냉면을 하나 추가해 대조적인 구성을 만들어 낼 것인지를 결정하는 일이다. 다음은 구성한 내용을 시청자가 얼마나 공감할 수 있도록 설계할 것이냐의 단계다. 이는 몰입감과 연결 지어 생각할 수 있을 것이다. 앞서 말한 예를 다시 보겠다. 단순히 뜨겁고 차가운 음식으로 접근하기보다는 '부모님에게 선물하기 좋은 여름 음식', '내 아이와 함께 먹는 보양식'으로 접근하는 편이 더 주관적인 몰입을 할 수 있도록 한다. 사람들은 개인화가 더 깊어질수록 몰입감을 더 느끼기 마련이다. 그러나 단점은 정보가 개인화될수록 시청층이 좁아질 수 있다는 것이다. 다음은 이 정보를 누구를 통해 전달할 것인가에 대한 선택을 해야 한다. MC로 누구를 쓰느냐에 따라 프로그램의 성격이 달라진다. MC를 한 명 쓸 것인가, 두 명을 쓸 것인가는 물론 성별과 나이 그리고 MC의 성향에 따라 프로그램의 색깔과 정보 전달력이 달라질 수 있다는 점을 유념해야 한다.

이렇게 보면 작가가 하는 일이 무척 많다는 것을 알 수 있다. 교양 작가는 이것들을 전적으로 맡아서 해야 하고 어느 단계에서는 피디와 협업을 하기도 해야 한다. 또 어떤 단계에서는 피디를 보조해 주는 역할도 해야 한다. 즉 여기서 가장 중요한 것은 교양 작가라 함은 '기획 단계부터 실제 방송이 전파를 탈 때까지' 모든 과정에 참여한다는 것이다.

교양 작가로 살아남는 법

교양 프로그램에서 가장 중요한 것은 대본이다. MC가 있다면 그가 말하는 모든 멘트, MC가 없다면 영상에 입혀질 성우의 내레이션이 작가의 손에서 만들어진다. 하지만 앞서 말한 바와 같이 교양 프로그램의 장르는 정말 다양하다. 특히 시사, 다큐멘터리를 포함하는 만큼 대본의 톤 역시 천차만별이다. 교양물의 대본 쓰기는 몇 마디로 설명할 수 있는 글이 아니다. 같은 교양 프로그램이라 하더라도 「추적60분」의 대본은 「생방송 아침이 좋다」의 대본과는 분위기가 완전히 다르다. 또 「다큐멘터리 3일」의 대본도 다른 교양 프로그램과는 다른 방식의 글을 쓸 수 있어야 한다. 즉 프로그램마다 다른 글쓰기를 해야 하는 만큼 작가 스스로 맡은 프로그램에 빠르게 적응해 나만의 대본을 써나갈 수 있어야 한다.

방송에서의 글은 '간단명료' 하게 쓰는 것이 중요하다. 책처럼 눈으로 보는 글이 아닌 귀로 전달되는 글이기 때문이다. 그래서 난 글을 쓴다기보다는 말을 쓰고 있다고 늘 생각하며 대본을 써나간다. 그만큼 귀에 쏙쏙 들어올 수 있는 단어와 의미가 명확히 전달될 수 있는 구어체를 써야 한다. 또 영상을 보고 대본을 쓰는 거라면 내레이션이 영상과 잘 조화를 이뤄야 한다. 영상보다 넘치는 글쓰기는 지양해야 하며, 영상 속 감정보다 나의 감정이 더 앞서나가는 것도 주의를 기울여야 한다. 가끔 화면 속의 주인공은 눈에 눈물이 글썽이는 정도에 그칠 뿐인데 내레이션에서는 '눈물을 쏟아냈다' 는 식의 표현을 종종 본다. 하지만 이런 식의 글은 시청자의 감정을 강요한다는 생각을 하게 할 수 있기 때문에 조심해야 한다. 또 이미 영상을 보면 알만한 내용을 다시금 설명하는 글로 줄줄이 채워 넣는 것도 의미 없다. 그리고 현장음영상에 등장하는 꼭 들어야 할 인터뷰 등을 내레이션으로 덮는 실수는 없어야 한다. 현장음은 영상 속 현장의 분위기를 알 수 있는 중요한 부분인 만큼 내레이션이 독이 아닌 약으로 작용할 수 있도록 앞단과 뒷단의 글에 더 신경 써야 한다.

보통의 프로그램을 보면 자막과 내레이션이 비슷한 내용을 포괄하고 있다. 그러나 나 같은 경우엔 내레이션과 자막이 동일하게 나가는 걸 선호하는 편은 아니다. 당연히 중요한 내용이면 강조하기 위해 그럴 수 있지만 내레이션에서 하는 말을 그대로 자막에 적는 게 의미가 있을까 싶어서다. 그래서 자막은 내레이션에서 미처 전달하지 못한 다른 정보 혹은 다른 이야깃거리를 전달하려고 하는 편이다. 하지만 이 부분은 프로그램의 특성이나 제작 방향에 따라 다를 수 있는 부분이니 참고만 하면 좋겠다.

 ## 뼈 때리는 빨간펜

입봉을 하고 난 뒤 빨간펜 선생님과 종종 마주 앉아야만 했다. 여기서 빨간펜 선생님이라 하면 메인 작가를 뜻하는데, 그 이유는 내가 쓴 대본을 보고 늘 빨간펜으로 수정할 곳들을 체크해 줬기 때문이다. 그런데 당시에는 그 빨간펜 표시가 얼마나 기분 나쁘던지 '검정색 펜으로 하면 좀 어때서! 꼭 빨간색 펜으로.'라며 혼자 조용히 씩씩댄 적도 있다. 특히 내가 생각하지 못했던 뼈 때리는 단어나 문장을 언급할 때면 자존심도 상하기 일쑤였다.

서브 작가 때 한 빨간펜 선생님과의 일화가 기억에 남는다. 내가 나의 코너를 쓰기 시작한 뒤 처음으로 휴먼 다큐멘터리를 제작할 때였다. 처음 쓰는 따뜻한 대본이다 보니 단어 선정이나 의미 있는 문장을 쓰는 게 어려웠다. 하지만 내 딴에는 꼬박 24시간을 매달려 정성을 다해 썼었다. 그런데 내 대본을 출력해서 보던 메인 작가가 정말 난도질이라는 말이 어울릴 정도로 대본에 빨간펜으로 '쫙쫙' 긋는 게 아닌가. 정말 자괴감이 들었다. 그런데 더 심장이 아팠던 건 메인 작가가 수정한 대본이 대단할 정도로 마음에 들었다는 것이다.

지금 또 생각해봐도 명확한 건 당시 빨간펜 선생님의 밑줄 '쫙쫙'이 없었다면? 지금 내가 계속 글을 쓸 수 있었을까? 그때 그 시간이 있었기에 지금 내가 이 정도의 대본을 쓸 수 있게 된 게 아닐까 싶다. 그리고 무엇보다 중요한 건 당시 얄미워도 너무 얄밉기만 했던 혹은 원망하기 일쑤였던 메인 작가가 지금은 나의 사수이자 동료로 함께하고 있다.

3. 쇼양 프로그램

쇼양 프로그램의 정의와 특징

최근 들어 방송가에선 '쇼양'이라는 말이 많이 사용되고 있다. '쇼양'은 쇼와 교양을 혼합해 부르는 말로, 예능적인 요소도 있지만, 교양적인 요소도 있는 프로그램을 칭한다. 쉽게 말해 재미도 있지만, 감동이나 정보도 함께 얻을 수 있는 프로그램이다. 하지만 방송가에서 쇼양을 따로 분류하진 않는다.

대표적인 예로 tvN「애들 생각」은 예능으로 분류된다. 하지만 진행자인 MC를 비롯한 제삼자의 방송인들 시선에서는 해당 프로그램은 쇼양으로 간주된다. 그 이유는 관찰 예능이라는 오락적인 요소도 분명 있지만 이야기 속에서 부모의 입장과 자녀의 마음을 공유하며 얻는 감동도 존재한다. 특히 부모와 자식 간의 단절이 있는 이 시대에 많은 이야기를 던지는 방송이기에 많은 이들이 쇼양으로 보고 있다.

KBS1「황금의 펜타곤 시즌3」는 인터넷에 검색하면 시사/교양으로 분류되어 있다. 스타트업 대표들이 출연해 본인들의 창업 아이템을 소개하는 내용이 방송 시간을 대부분 차지하기 때문이다. 하지만 방송을 제작하는 사람들은 해당 프로그램은 서바이벌을 기반으로 한 예능적 요소가 강한 만큼 쇼양으로 분류해 칭하곤 한다. 이처럼 기본적인 잣대는 예능이지만, 교양적 요소를 지닌 프로그램 혹은 교양이라는 이름 아래 예능적 요소를 지닌 프로그램들이 참 많이 존재한다. 최근엔 예능 프로그램에서 교양 작가를 구인하는 경우도 많으며, 반대로 교양 프로그램에서도 예능적 감각이 뛰어난 작가를 뽑고자 하는 경우가 늘고 있다.

쇼양 작가의 역할

사실 구성작가들이 하는 업무는 장르가 바뀐다고 해서 크게 차이가 없다. 단, 쇼양은 예능과 교양을 접목한 장르인 만큼 예능적 감각을 살린 아이디어와 감동 그리고 정보까지 녹일 수 있어야 한다. 단순히 연예인들과 함께하는 토크에 그칠 게 아니라 그 안에서 깨알 정보를 전할 수 있다면 금상첨화이다. 따라서 쇼양 작가들은 다른 장르보다 더 고민할 부분이 많을 수밖에 없다. 물론 다른 장르라고 해서 고민을 덜 한다는 말은 아니다.

KBS1 「비상소집-전국이장회의」는 연예인들과 전국의 이장들이 모여 진행되는 토크쇼다. 교양으로 분류되어 있지만, 분명히 예능적인 요소가 강하다. 하지만 단순한 재미나 호기심에 그치는 게 아니라 그 안에서 분명 시청자에게 생각할 여지를 준다. 예를 들면, 반려견에 대한 도시와 시골의 차이와 점점 증가하는 고독사 등 보는 이들의 마음을 움직이기 위한 장치들을 추가하고 있다. 이처럼 쇼양 작가는 재미와 감동 두 마리의 토끼를 잡아야 한다.

동물 전문 채널인 <마이펫티비>에서 개아범, 지상렬과 함께 쇼양 프로그램을 제작할 당시였다. 총 제작 기간이 5개월이었으나 그중 두 달 이상을 회의하는데 투자했다. 다수의 유명 연예인이 출연한다고 해서 시청자가 보는 시대는 지났기 때문이다. 시청자가 프로그램에 함께 동화돼 공감할 수 있는 무언가를 끌어내야 했기 때문이다. 이처럼 쇼양 작가는 끊임없는 시청자의 감성을 건드릴 수 있는 포인트를 고민하고 또 고민해야 한다.

쇼양 작가로 살아남는 법

예능감과 교양감을 적재적소에 사용할 수 있는 능력이 가장 중요한 만큼 쇼양 작가라면 모든 프로그램에 관심을 가져야 한다. 또 쇼양은 알맞은 타이밍에 시청자에게 감동과 정보를 전달해야 하는 만큼 작가가 가장 많은 것을 알고 있어야 한다. 사회 문제가 됐든 정치가 됐든 경제가 됐든 많이 알아야 프로그램에 녹일 수 있다. 물론 예능 경력과 교양 경력을 두루 갖춘 작가일수록 훨씬 빠르게 적응할 수 있다. 하지만 교양 작가라고 해서 예능감이 없는 건 아니다. 또 예능 작가라고 해서 교양 작가만큼의 글빨이 없는 것도 아니다. 쇼양을 하고 싶은 작가라면 예능과 교양, 두 장르에 모두 관심을 가지면 된다.

나만의 노하우이기는 하지만 나는 신입 작가 때 예능으로 일을 시작했고, 입봉을 한 뒤 교양을 주로 했다. 그러다 보니 어느새 교양과 예능을 넘나들게 됐고, 지금은 다양한 쇼양을 기획하고 있다. 이처럼 쇼양 작가가 될 생각이라면 애초에 나만의 이력 관리를 하는 것도 좋은 방법이다.

 ## 앞으로는 예능? 뒤로는 교양!

서바이벌이라는 장르를 가지고 어떤 정보나 감동을 얹어줄 수 있을까. 지난해 쇼양 프로그램을 제작하며 내가 가장 많이 고민한 부분이다. 하지만 아무리 고민해도 서바이벌이라는 경쟁 구도 안에 무언가를 접목하는 게 맞는 건지 혹은 그 안에서 어떤 메시지를 줄 수 있을지 나로서는 어려운 과제였다. 하지만 타 서바이벌 프로그램을 모니터하면서 느낀 점이 있었다. 앞으로는 예능이라고 말하고 있지만 뒤에서는 교양적인 감수성을 내세운다는 점이다. 이렇듯 서바이벌이라고 해서 늘 쫄깃함과 재미만 줘야 하는 건 아니다. 시청률도 단순 서바이벌만으로는 결코 잘 나올 수 없다. 그 쟁쟁한 대결 가운데, 집중할 수 있는 혹은 감정이입을 할 수 있는 부분이 담겨 있어야 한다.

이를 바탕으로 나는 지난해 서바이벌 구도 안에 토크쇼 구성을 넣었다. 내가 지금 이 자리에 있기까지 견뎌야 했던 시간, 포기해야만 했던 젊은 시절 등 참가자들이 경쟁이라는 라이벌 구도를 벗어나 나 자신의 이야기를 나눠보는 시간을 만들었다. 결과는? 당연 좋았다. 방송을 모니터해주는 모니터 요원들의 평도 좋았고 게시판에도 줄지어 좋은 의견들이 올라왔다. 그리고 참가자들 역시 '마음속에 있던 얘기를 처음 꺼냈다'면서 의미 있는 시간이라는 평을 건네줬다. 이처럼 쇼양이라는 장르는 앞으로는 예능을 내세우지만 뒤로는 교양적인 면모를 담아낼 수 있어야 한다.

4. 뉴스

뉴스의 정의와 특징

어느 채널이나 공통으로 존재하는 게 있다. 바로 뉴스다. 뉴스는 사실을 정확하고 공정하고 신속하게 전달한다. 뉴스의 요소로는 ① 이상적異常的이어야 하고, ② 사회성社會性을 지니며, ③ 새로운 사실이어야 한다. 또한 보도 기사의 경우 언제when, 어디서where, 누가who, 왜why, 무엇을what, 어떻게how라는, 이른바 '5W 1H'의 원칙을 갖추고 있는 것이 뉴스의 기본형으로 되어 있다. 뉴스는 국가와 방송사에 따라 각기 다른 포맷과 제작 방식 그리고 뉴스 편성 전략을 가지고 있다. 하지만 보편적으로 아침 종합 뉴스와 저녁 종합 뉴스를 편성해 시청자의 생활양식에 맞춰 전략적으로 제작된다.

뉴스 작가의 역할

"뉴스에도 작가가 있나요?"

아직도 뉴스에 작가가 존재한다는 걸 모르는 사람들이 많다. 하지만 뉴스만큼 작가가 꼭 필요한 곳도 없다.

뉴스는 매일매일을 역사로 만드는 일을 한다. 우리 사회가 하루 동안 겪었던 일을 어떻게 기록하고 후세로 전달할 것인가를 결정하는 곳이다. 직접적으로 작가들이 보이진 않으나 해야 할 임무가 막중하다. 가장 큰 역할은 팩트 체크다. 워낙 다양한 세상의 일을 전달해야 하는 만큼 박학다식해야 한다. 그리고 그 지식을 제대로 검증할 수 있어야 한다. 확인하고 또 확인히는 일이 가장 중요한 뉴스 작가의 역할이다.

'기자가 쓰니까 100% 다 맞을 거야.' 그렇지 않다. 기자도 사람인지라 실수가 있을 수 있다. 그 실수를 잡아내는 게 뉴스 작가가 할 일이다. 그만큼 눈에 불을 켜고 팩트 확인을 거듭해야 한다. 그리고 새로운 기사를 체크하는 일도 소홀히 하면 안 된다. 뉴스가 나가기 직전까지 새로운 기사가 나온 게 없는지, 혹시 우리만의 단독 뉴스가 다른 곳에서 이미 나오진 않았는지 확인도 필수다. 그리고 빠듯한 시간이겠지만 영상을 확인하는 일도 필요하다. 자료 편집이 많은 기사일수록 편집자와 함께 확인하는 역할도 중요하다. 잘못된 자료가 끼어들어가진 않았는지, 불필요한 자료가 사용되진 않았는지, 팩트와 다른 자료가 삽입되진 않았는지 말이다. 뉴스 작가는 내가 뉴스의 전체를 검수한다는 마음가짐으로 기사를 들여다봐야 한다.

뉴스 작가로 살아남는 법

　뉴스만큼 사람들이 예민하게 받아들이는 장르도 없다. 그만큼 정확한 사실에 기반해야 한다. 그렇기 때문에 뉴스 작가는 확인하고 또 확인하고 또 확인하는 자세를 가져야 한다. 한번 확인했다고 끝이 아니다. 방송이 나가기 직전까지 확인하고 또 확인해야 한다. 이렇다 보니 뉴스 작가들은 대본을 쓰는 것보다 사실을 확인하는 일에 더 많은 시간을 할애한다.

　특히 뉴스는 매일 같은 시간에 생방송으로 진행되는 만큼 생방송 직전까지 긴장의 끈을 쥐고 있어야 한다.

　SBS 아침 뉴스팀에서 일할 때의 일이다. 연예 뉴스가 전파를 타기까지 한 시간이 남은 상황, 새로운 내용의 팩트가 확인된 거다. 자, 이럴 때 뉴스 작가는 뭘 해야 할까?

　1. 생방송이 코앞이니 수정할 시간은 없다. 기사를 과감히 **뺀다.**

　2. 남은 시간 안에 대본 수정과 영상 편집을 한다.

　답은 후자다. 새로운 기사가 새벽에 떴다는 건 반드시 추가되어야 할 새로운 내용이 밝혀졌다는 것이기에 더더욱 **빼면** 안 된다. 발 빠르게 영상 수정을 요청하고 대본을 수정해야 한다. 그나마 다행인 것은 생방송으로 진행되기 때문에 더빙을 바꿔야 하는 불상사는 없다는 것이다. 빨리 대본을 다시 써서 앵커의 손에 쥐여주면 된다. 이처럼 뉴스 작가는 방송이 끝날 때까지 팩트를 가장 기본으로, 가장 중요하게 여기며 확인해야 한다. 그리고 변동된 내용이 있다면 손도 바쁘게, 발도 급하게!

 ## 팩트 체크 위해 이것까지 해봤다?

팩트를 체크하는 일은 뉴스 작가에게 빼놓을 수 없는 부분이다. 나 역시도 팩트 체크를 하기 위해 다방면으로 노력하곤 하는데 가장 기본적인 건 여러 개의 기사를 체크하고 또 체크하는 일이다. 그리고 두 번째로는 해당 분야의 전문가에게 전화 인터뷰를 통해 확인하는 방법이다. 하지만 이 역시 한 사람의 정보만 신뢰할 수 없기 때문에 최소 2명에서 3명은 전화 통화를 해보는 게 좋다. 그리고 세 번째로는 전문 서적이나 각종 통계를 통해 확인하는 방법이다. 이때 뉴스의 기사가 어떤 내용이냐에 따라서 찾아야 할 자료가 달라진다. 때문에 작가들은 보통 도서관을 자주 가거나 여건이 안 된다면 도서관 홈페이지를 통해 해당 서적의 내용을 확인하기도 한다.

또 예외적인 경우로 팩트 체크를 해당 인물에게 하는 경우가 있는데, 예로 들면 이런 상황이다. 30대 한 남성이 마라톤에 참가했다가 갑자기 쓰러진 사람을 심폐소생술로 살려냈다는 선행이 담긴 영상을 제보받았다. 물론 당연히 실제 상황이겠거니 생각하겠지만 그래도 작가라면 재차 확인이 필요하다. 그 사람이 정말 심폐소생술을 한 게 맞는지, 장소가 마라톤 경기장이 정확한지, 혹은 그 남성보다 먼저 나서서 응급조치를 한 사람이 없었는지 등 확인할 부분들이 많다. 이를 확인하기 위해 작가들은 보통 선행을 한 30대 남성을 찾아 통화를 기본으로 당시 현장에 출동했던 119대원과 통화를 할 것이다. 또 마라톤 대회의 주최 측 이야기도 확인해 대조해 봐야 한다. 이처럼 팩트 체크는 한 사람의 말만 신뢰할 수는 없는 문제다. 우리가 일방적인 입장만 듣고 기사를 쓴다면 그건 팩트 체크가 끝나지 않은 뉴스라고 볼 수 있다.

만약 제대로 팩트를 체크하지 못하면 어떤 일이 벌어질까? 바로 방송 사고로 이어진다. 때문에 작가는 팩트를 체크하기 위해 할 수 있는 것들은 다 해봐야 한다. 정확한 전후 상황이 확인되지 않은 상태로 전파를 태우는 일만큼 작가로서 무책임한 일이 없으므로.

5. 라디오

라디오의 정의와 특징

우리나라에서는 일제강점기였던 1927년 첫 라디오 방송이 시작됐다. 그 후 라디오는 우리나라의 역사와 문화를 함께했다. 특히 80년대 청소년기를 보낸 사람들은 라디오가 가장 큰 친구였다고 해도 과언이 아니다. (tvN 「응답하라 1988」에서도 볼 수 있듯이 라디오는 당시 중요한 수단이었다.) 손글씨로 쓴 엽서를 보내 사연을 전하고 내가 좋아하는 가수의 노래를 들을 수 있다는 즐거움, 비록 지금은 손글씨 대신 컴퓨터로 사연을 쓰지만, 라디오를 통해 얻는 청취자들의 즐거움과 기다림은 변함없다.

또 라디오의 가장 큰 특징은 속보성이 뛰어나가는 거다. 사건이 터졌을 때 신문은 기사를 써서 인쇄하고 배포를 해야 한다. TV는 카메라가 현장에 가서 영상을 찍어와야만 방송이 가능하다. 하지만 라디오는 전화만 있으면 현장을 연결해 뉴스를 전할 수 있다. 그렇기 때문에 최근에도 라디오는 큰 사건이 발생하면 가장 먼저 그 소식을 전하는 역할을 하고 있다.

라디오에도 다양한 장르가 존재한다. 시사 뉴스 프로그램이 있고 음악 프로그램이 있고, 예능 프로그램, 드라마도 있다. 하지만 대부분의 라디오 프로그램은 종합 구성물이라는 큰 틀 안에서 제작된다. 다만 어느 부분에 시간을 더 할애할 것인가의 차이가 장르를 구분하는 잣대가 될 뿐이다.

라디오 작가의 역할

라디오 작가가 하는 일은 TV 구성작가가 하는 일과 크게 다르지 않다. 기획하고 섭외를 하고 자료조사를 하고 구성, 대본 쓰기 등 대부분 비슷한 순서로 업무를 진행한다.

기획 단계 역시 교양 프로그램과 다르지 않다. 타이틀과 방송 시간, 형식, 방송 채널, 희망방송일시, 기획 의도, 제작 방향, 구성내용, 예상 아이템 등을 준비한다. 그중 중요한 것은 어떤 코너들로 라디오를 구성할 것인가, 코너별로 어떤 사람을 고정 게스트로 삼을 것인가 하는 것이다. 또 내 시간대의 라디오를 책임져 줄 DJ를 섭외하는 것도 중요하다. 라디오는 대부분 생방송으로 진행되기 때문에 DJ와 게스트 섭외에 있어 더 철저히 준비해야 한다.

기획안이 확정되면 본격적으로 방송 준비를 한다. 가장 먼저 DJ를 섭외해야 하는데 타 장르보다 DJ가 차지하는 비중이 크기 때문에 고심이 필요하다. 특히 대부분의 프로그램이 DJ의 이름을 걸고 만들어지기 때문에 더 검증의 검증을 한 뒤 섭외할 필요가 있다. DJ를 섭외할 때 중요하게 생각할 부분은 누가 이 방송을 들을 것인가다. 낮 시간대 방송 예정이라면 주부들을 대상으로 하는 만큼 유대감을 형성할 수 있는 진행자가 좋을 것이며 밤 시간대 20대~30대를 대상으로 할 예정이라면 젊은 층의 인지도기 있는 진행자를 선택해야 할 것이다.

사실 DJ까지 섭외가 완료됐다면 라디오 작가는 TV 구성작가들과 마찬가지로 게스트, 특별 출연자를 섭외하고 인터뷰를 진행하며 자료 조사를 한 뒤 원고를 쓴다. 그 사이 청취자가 참여하는 코너가 있다면 작가는 참여를 원하는 청취자와 미리 통화한 뒤 방송에서 나눌 이야기를 조율한다.

라디오 작가라고 해서 TV 구성작가와 다른 일을 하지 않는다. 간혹 '라디오 작가는 촬영 하지 않으니 조금 수월할 거야'라고 생각하는 후배들이 있다. 하지만 절대 그렇지 않다. 라디오는 대부분이 2시간 생방송이기 때문에 TV 방송보다 더 긴 시간을 집중해야 한다. 그리고 매일 같은 시간에 반드시 방송을 해야 한다. 그것도 생방송으로 나의 2시간짜리 원고가 청취자들에게 오롯이 전달될 동안 함께 해야 한다. 라디오 작가, 결코 쉽지 않다.

라디오 작가로 살아남는 법

라디오 작가에게 가장 중요한 자질은 순발력이다. 일주일 동안 생방송으로 진행되는 만큼 언제, 어떤 예측하지 못한 상황이 벌어질지 모르기 때문이다. NG가 난다고 해도 다시 할 수도 없는 노릇이고 편집을 할 수도 없다. 그러니 돌발 상황이 생겼을 때 대처할 수 있는 대비책도 항상 준비해야 하며 대본도 더 꼼꼼하게 챙겨 실수하지 않도록 해야 한다.

또 라디오 작가에게 필요한 것은 성실함이 아닐까 싶다. 물론, 다른 장르의 작가들에게도 마찬가지겠지만 매일 같은 시간 방송을 내야 하는 만큼 라디오 작가에겐 필수 불가결한 부분이다. 비록 음악이 차지하는 비중이 큰 프로그램도 있고 그렇지 않은 프로그램도 있겠지만, 평균적으로 작가가 써내야 하는 대본의 양은 존재한다. 그런데 그걸 하루도 빼놓지 않고 쓴다는 것은 웬만한 정신력과 성실함이 없으면 못 하는 일이다. 아픈 몸을 이끌고도 원고를 써내야 하고 결혼식장에 들어가기 전까지 원고를 쓰다 들어간 작가의 이야기도 들었다.

친한 라디오 작가는 자정에 시작해 새벽 2시에 끝나는 라디오를 1년 동안 했는데 그만둔 뒤에도 몸이 그 시간에 완벽 적응된 후라 다시 생활 패턴을 바꾸는데 긴 시간이 걸렸다고 한다.

나 역시도 선배 작가의 부탁으로 라디오를 한 달 정도 맡았던 적이 있다. 당시 연차가 좀 있었을 때였음에도 불구하고 매일 같은 시간에 출근하고 청취자의 사연을 정리하고, 대본을 쓰는 일은 쉽지 않았다. 특히 저녁 시간대 방송이다 보니 저녁 약속을 잡을 수도 없을뿐더러 방송이 끝난 뒤에도 하루하루 원고를 써내야 한다는 압박감에 마음 편히 쉴 수조차 없었다. 이후 나는 라디오 방송은 엄두도 내지 못하고 있다.

 ## 라디오 작가는 만능 작가

라디오는 유독 우리의 삶에 깊숙이 들어와 있다. 택시를 타도 음악이 흘러나오고 집으로 향하는 마지막 버스를 타도 라디오의 클로징 멘트를 들을 수 있다. 언제 어디서든 쉽게 접할 수 있는 라디오. 그렇다 보니 시간대별로 다양한 이야기들을 담아내는 걸 볼 수 있다. 그 말인즉슨 라디오 작가라면 다양한 방면에 눈과 귀를 열어둬야 한다는 거다.

라디오 프로그램을 오래 제작해온 친한 작가와 종종 만난다. 만나면 그녀는 늘 비슷한 고민을 털어놓는다.

"이번에 맡은 새로 생긴 코너가 있는데 시사 관련이라서 매일매일 뉴스를 찾고 전문가를 찾는 게 너무 버거워"

"새로 옮긴 라디오가 밤 시간대인데 감수성이 넘치는 글을 써야 해서 요즘 에세이를 달고 살아."

TV 작가들과 마찬가지로 라디오 작가 역시 다양한 분야에 관심을 가져야 한다. 즉 만능 작가가 돼야 한다는 거다. 라디오 작가라고 해서 일기 쓰듯 부드러운 글만 매일 쓰는 게 아니다. 사회적으로 문제가 되는 부분도 짚어야 하고, 큰 사건이 일어나면 사건도 면밀히 짚어내야 한다. 또 감성 터치를 해야 할 따뜻한 미담도 많이 알고 있어야 하고 다양한 장르의 책에서 본 문장을 두루두루 사용할 줄도 알아야 한다. 개인적인 생각이지만 라디오 작가들을 보면 그런 생각이 든다. 'TV 작가들보다 더 많은 이야기 보따리를 늘 메고 있어야겠구나.'

베테랑 작가가
방송을 만드는 법
_방송 작가의 핵심 노하우

1. 첫눈에 시선을 사로잡는 기획안 아이템 선정

10년 차 메인 작가의 하루

오전 11시. 새벽 4시에 잠들었던 것 같은데 어느새 다시 회사 책상에 앉아 있는 나의 모습을 발견했다. 뒷목은 뻐근해져 오고 눈은 끔뻑끔뻑 거리기를 반복하자 이내 충혈됐다. 매번 다르지 않은 일상이지만 오늘은 기획안을 마무리해야 한다. 기획 피디 팀과 작가 팀이 모두 모여 새로운 프로그램 기획창업 서바이벌에 대해 회의를 하는 날이다. 기획 회의에서는 메인 작가의 역량과 후배들의 아이디어가 잘 맞물려야만 시너지가 극대화될 수 있다.

메인피디 "어제에 이어서 오늘은 구성 방향이나 흐름에 대해 얘기를 좀 하면 좋겠는데, 다들 연차 떼고 신선한 아이디어 좀 내봐."

나 "스튜디오에서 하는 서바이벌은 이제 너무 진부하니까 조금 색다른 장소에서 진행해 보면 어떨까요?"

메인피디 "예선은 인원수가 최소 1000명은 넘을 텐데 색다른 장소로 나가기는 어려울 것 같고…."

나 "그럼 예선은 전국에서 나눠서 하고 이후 본선만 서울에서 하면 되지 않을까요?"

서브피디1 "그거 좋네요. 본선은 서울이라고 하면 생각하는 인상 깊은 장소거나 창업 아이템과 관련된 장소면 더 좋겠다."

서브작가1 "언니, 요즘 창업센터도 많고 창업지원을 하는 카페들도 많아요."

서브작가2 "아니면 한옥을 통째로 빌려서 하는 것도 의미 있지 않을까요?"

나 "맞아. 얼마 전에 기사에서 봤는데, 요즘 서울의 한옥 게스트하우스들도 문을 많이 닫는다더라고. 의미도 시기도 좋을 것 같아. 막내 작가는 지금 얘기 나온 것들 토대로 본선 경합을 치를 만한 장소 좀 물색해보고."

서브피디2 "경합 방식도 좀 특별하면 좋겠는데, 1대 5로 심사하는 거 말고 뭐 없을까요?"

나 "서바이벌에 나오는 사람들이 이기고 싶어서 나오는 사람도 있지만, 심사위원들한테 멘토를 받고 싶은 마음이 더 크거든요. 그걸 좀 살릴 수 있게 1대 1 심사도 고민해 보면 좋을 것 같아요."

메인피디 "1대 1 심사면 참가자들은 좋을 수 있지만 심사 기준에 문제
가 생기지는 않을까? 심사위원별로 평가 기준이 천차만별일
것 같은데…."

나 "형평성 문제가 고민된다면 1대 1 심사를 여러 번에 걸쳐서 하
는 방법도 있을 것 같아요."

서브작가3 "예를 들면 각 방에 들어가서 심층 심사를 받는다거나?"

메인피디 "그것도 괜찮겠다. 시간을 정해놓고 멘토도 받고 심사도 받
고"

서브작가3 "이전에 타 서바이벌 프로그램에서 했던 포맷들은 뭐가 있을
지 쭉 정리해볼게요."

기획단계는 짧게는 한 달 길게는 6개월 이상 소요된다. 어떤 프로그
램은 장장 1년을 기획해서 2편에서 4편의 방송을 만들기도 한다. 이처
럼 기획 기간의 편차는 있지만, 그 기간 안에 소화해야 할 일은 비슷하
다. 다만 기간이 길면 길수록 큰 프로젝트이거나 해외 제작, 다큐멘터
리일 확률이 높다. 기획 기간에는 보통 회의에 회의를 거듭하기 때문
에 아이디어를 고민하는 단계라고 보면 된다. 그리고 기획 때는 작가
팀은 물론 피디 팀을 전체 다 꾸리지 않고 최소 인력을 꾸려 진행하는

경우가 대부분이다. 작가료 역시 기존 작가료의 100%를 지급하는 곳은 극히 드물다. 최근에는 작가료의 60%~80% 정도는 보장해 주고 있는 것으로 알고 있다. (작가료는 보통 방송이 나간 기준으로 주급으로 계산되는데 만약 내가 주급으로 100만 원을 받는다면, 기획 기간에서는 그 금액의 60%~80%를 지급받는 것이다.) 하지만 이것도 잘 확인해야 하는 게, 앞서 말한 것처럼 기획 기간은 긴데 방송이 고작 2편에서 4편 정도밖에 인 된디먼 프리랜서인 작가 입장에서는 손해이기 때문에 기간과 주급을 확실히 따져 봐야 한다. 비록 기획 기간 동안 방송이 전파를 타는 건 아니지만 그만큼 머리를 맞대고 고민해야 하고 전체적인 스토리를 구성해야 하는 만큼 가장 중요한 단계라는 걸 명심해야 한다.

기획 회의는 메인 작가와 메인 피디가 주도적으로 이끌어 간다. 거기에 서브 피디들과 서브 작가들의 아이디어가 보태지면서 더 풍성하고 매력적인 기획안 틀과 흐름이 완성되는 것이다. 긴 기획의 시간이 지나면 그간 정리된 내용과 아이디어를 토대로 기획안을 작업하는 일만 남는다.

내 능력의 가치와 비례하는 기획력

··························· 기획안 작업 순서 ···························

기획 의도 → 제작 형식 → 제작 콘셉트 → 제작 일정
→ 회차별 구성 및 장소 → 심사위원 → 세부 구성안

보통 기획안을 작업하는 순서는 위와 같다. 작가에 따라 내용을 더 추가하기도 하지만 보통은 이 정도의 틀 안에서 움직인다고 보면 된다. 기획안 작업은 서브 작가들의 자료조사를 토대로 메인 작가가 도맡아야 할 영역 중 하나이다. 기획안을 쓸 때 가장 신경 써야 할 부분은 무엇일까? 나는 많은 것들 중에 단연 소주제라고 말하고 싶다. 책을 쓸 때 목차가 중요하듯 구성작가에게는 소주제를 정하는 게 상당히 중요하다. 특히 대부분 사람이 본론을 읽기 전에 소주제부터 눈에 담기 때문에 소주제는 자극적이더라도 눈에 잘 들어오는 단어들을 사용하는 것이 좋다. 이건 지극히 개인적인 방법이지만 나만의 소주제 쓰는 방법을 언급하려고 한다. 보통 소주제를 정할 때 난 A4 용지를 잔뜩 준비한다. 그리고 기획하는 내용과 관련된 단어들을 쭉 나열한다. 그리고 나열한 단어들을 이렇게 저렇게 옮겨가면서 조합해 보기도 하

고 여러 개를 붙여서 문장을 만들어 보기도 한다. 그리고 조금은 과장된 단어를 추가해 궁금증을 유발하는 문장을 만들기도 한다.

소주제를 잘 쓴다는 것은 작가에게 큰 장점 중 하나다. 방송은 시청률의 싸움인데 기획안 안에 적힌 소주제만으로 보는 이의 마음을 움직이고 관심을 샀다면, 그 안의 내용은 단연 더 흥미롭지 않을까? 소주제를 잘 쓴다는 것은 그 기획안이 성공할 확률이 높다는 것과 비례한다. 따라서 그 성공률은 작가라는 내 능력을 평가하는 잣대가 되는 것이다.

기획안의 소주제를 잘 쓰기 위해서는 우선 폭넓은 스토리텔링은 필수다. 또 공감대를 형성할 수 있는, 현시대의 관심사와 프로그램을 엮어내면 좋다. 또 궁금증을 자극할만한 단어 혹은 귀에 박힐 수 있는 단어를 고민해보는 것도 좋은 방법이다.

소주제를 정하는 것만큼이나 중요한 것은 기획 의도와 콘셉트다. 여기서 나만의 기획 의도와 콘셉트를 잡는 방법을 간략히 소개한다.

1. 시의성이 보이는 문장을 도입에 적어라
2. 현재 이 프로그램이 대중에게 왜 필요한지 적어라
3. 이 프로그램의 가장 큰 매력 포인트를 나열하라

·················· 돋보이는 콘셉트 및 제작방향 잡는 법 ··················

1. 타 프로그램과의 차별성을 부각해라
2. 요즘 뜨고 있는(신선한) 촬영기법을 숙지해라
3. 시청자가 궁금해할 부분을 긁어줘라

··

이 외에도 나는 기획 아이디어를 발상하기 위한 평소 몇 가지 습관이 있다.

1. 카페나 지하철에서 다른 사람들 대화 엿듣기

대화를 엿듣는다니, 부정적으로 생각할 법도 하지만 내 오랜 버릇 중 하나다. 사람들의 이야기에 귀를 기울이고 그 내용을 각색해 구성이나 대본에 녹이기도 한다. 또 대화 내용 중 몰랐던 것이나 새로운 화제들은 새 프로그램 기획으로 활용하기도 한다.

2. 신문 기사 챙겨보기

신문 기사 혹은 인터넷 기사를 챙겨보는 것은 작가에게는 가장 중요한 과제이기도 하다. 기사는 자극적이고 눈길을 끄는 제목과 이야기들을 담아낸다. 기획안을 잘 쓰기 위해서는 기사들의 제목을 보며 공부를 하는 것도 방법이 된다.

3. 화제가 되는 영화 찾아보기

"지금까지 이런 맛은 없었다. 이것은 통닭인가 갈비인가."

영화 「극한직업」에서 류승룡이 한 이 대사는 대히트를 쳤고 각종 패러디가 연이어 등장했을 정도다. 이처럼 화제가 되는 영화를 알고 유행어를 알아야만 그 시기에 가장 유행의 선두에 설 수 있다. 그리고 모두가 아는 유행어를 나만의 문장으로 각색해서 넣는다면 눈길을 사로잡을 수 있는 센스 있는 소주제가 만들어질 것이다.

여기서 잠시 언급하자면 우리 남편의 프로그램 기획력은 모두 꿈에서 나온단다. 꿈 노트가 있는데 자다가 꿈꾼 내용을 수시로 적는다. 그리고 그걸 토대로 아이디어를 내곤 한다. 나도 경쟁자라며 잘 안 보여 주는데 잠깐 본 노트에는 참 괴상하지만 신선한 아이디어들이 꽤 있던 것으로 기억한다. 그중에 하나를 둘이 꼭 제작해 보자고 약속하기도 했다. 그리고 얼마 전에 생긴 노하우 하나가 더 있다. 바로 아빠의 소소한 모임에 끼는 일이다. 내가 작가인 걸 아는 어르신들은 나를 만나면 시시콜콜 방송에 대한 모든 이야기를 하신다. '이런 게 있으면 좋겠다.', '이런 프로그램이 생기면 볼 거다.' 등등 이런 이야기는 우리 방송 작가에겐 상당히 필요하다. 왜냐 그들이 곧 내 프로그램의 시청자이기 때문이다.

※「도전! K-스타트업 2017」 프로그램 기획안

실제 기획안 전체는 부록에 별도 수록

2. 자료조사는 무시무시하게

1년 차 새내기 작가의 하루

아침 9시. 아무도 출근하지 않은 사무실 문을 여는 건 신입 작가인 나의 몫이다. 오늘은 완성된 기획안을 토대로 자료조사를 해야 하는 날이다. 내가 찾은 자료들은 서브 작가와 메인 작가가 세부 구성을 하는 데 사용될 자료이기 때문에 보다 정확하고 확실한 자료들을 방대하게 찾아야 한다. 가장 먼저 찾아서 넘겨야 할 자료는 심사위원 리스트와 창업과 관련된 기사 찾기다. 타 프로그램에는 신입 작가가 두 명인 곳도 있고 세 명인 곳도 있다던데 안타깝게도 우리 프로그램은 신입 작가가 나 하나뿐이다. 하지만 위에 있는 3년 차 서브 작가가 나의 일을 함께 맡아 해주었기 때문에 다행히 아직까지는 잘 헤쳐나가고 있다.

간단히 책상 정리를 하고 노트북의 전원을 켰다. 그리고 인터넷 창을 열었다. 심사위원 리스트는 잠시 접어두고 창업과 관련된 기사들을 모으기 시작했다. 검색창에 '창업', '창업 열풍', '스타트업' 등 다양한 검색어를 넣어 기사들을 추렸다. 선배 작가들이 보기 쉽도록 '사건', '신기술 창업 아이템', '통계' 등 나름대로 분류도 구분해 정리했다. 중요한 내용에는 형광펜으로 밑줄도 그었다. 기사를 분류하는 이유는 선배 작가들이 볼 때 원하는 부분을 빨리 찾아볼 수 있도록 하기 위함이고 형광펜으로 밑줄을 긋는 이유는 해당 기사에서 중요한 부분만 빨리 볼 수 있도록 하기 위함이다. 신입 작가가 된 뒤 가장 많이 듣는 말이 '빨리'와 '꼼꼼히'였다. 그래서 나는 원래 출근 시간보다 한 시간 먼저 나와서 자료를 찾는 습관을 길들였으며 확인하고 또 확인하는 의심병도 생겼다. 그 덕분에 지금은 나름대로 자료조사를 하고 나면 칭찬도 받곤 한다.

창업에 대한 자료조사를 마치고 난 뒤 이번엔 심사위원 리스트 작업을 시작했다. 그때 3년 차 서브 작가가 출근했고 내가 찾은 자료에 기사를 보태는 작업을 시작했다. 늘 내가 1차로 한 작업에 3년 차 서브 작가가 내용을 더 보강하는 식으로 진행됐다. 선배 작가들에게 넘기기 전 한 번 더 내용을 추가하고 확인하는 절차였다. 다행히 자료조사는 큰 문제가 없는 듯 보였다. 그 사이 심사위원 리스트 역시 완성해 3년 차 서브 작가에게 넘겼다. 그런데 잠시 후! 불호령이 떨어졌다.

"이 사람 지난번에 논란 있었던 거로 기사 봤는데? 확인했어?"

아뿔싸. 지난번에도 같은 실수를 한 적이 있는데 미처 급한 마음에 또 확인하지 못한 것이다. 인물에 대한 후보를 추릴 땐 그들의 경력도 중요하지만 해당 인물이 큰 사건에 휘말린 적은 없는지 혹은 문제가 된 발언을 한 적은 없는지 등도 확인해야 한다. 얼마 전 MC 후보를 추리는데 마구잡이식으로 정리했다가 혼난 적이 있는데 같은 실수를 반복하다니 오늘 더 정신 바짝 차려야겠다.

기획력·구성력 좋은 작가의 비밀?

방송 작가들은 한 개의 프로그램에서 오래 일하는 경우도 있지만 대부분 1년 단위로 옮겨 다닌다고 보면 된다. (옮겨 다니는 시기는 개인에 따라 다르다.) 때문에 프로그램이 바뀔 때마다 새로운 포맷에 적응해야 하고 새로운 아이템을 찾아야 한다. 물론 그 프로그램 안에서도 매주 새로운 아이템을 찾아야 하는 경우도 있다.

과거 시사 프로그램을 할 때의 일이다. 4주에 한 아이템을 제작할 때였는데, 아이템을 찾는 일부터 섭외, 취재, 촬영구성안, 편집구성안, 대본, 자막까지 작가가 해야 할 일이 얼마나 많은가. 그런데 가장 큰 문제에 맞닥뜨렸다. 기존에 했던 프로그램들에 비해 해야 할 자료조사의 양이 상당한 게 아닌가. 그래서 낮에는 섭외하고 밤에는 자료조사와 공부를 하고 또 낮에는 취재하고 밤에는 공부하고 그랬던 적이 있다. 당시엔 학사가 100개라고 해도 될 정도로 모든 분야를 꿰뚫고 있었다. 그만큼 작가들은 어마어마한 양의 자료를 조사하고 공부하고 또 밤을 새운다. 그만큼 똑똑해지는 거다. 작가에게 자료조사는 가장 기본적이면서도 가장 중요한 부분이다. 거의 모든 구성과 대본의 시작이 자료조사에서부터 온다고 해도 과언이 아니다. 자료조사를 얼마나 풍성하게 했는지 그리고 내가 얼마만큼 공부했는지에 따라 그 작가의 대본의 질이 다르다. 시사 프로그램이나 정보 프로그램에 있어서 자료조사는 특히나 중요하다. 팩트에 민감하기 때문이다.

「생방송 투데이」에서 쌀가루에 대한 방송을 하는데, 내가 찾은 자료가 틀린 팩트라면? 그리고 그 틀린 팩트가 방송에 나간다면? 그날 빗발치는 항의 전화는 물론 홈페이지에서 다시 보기 서비스도 내려야 한다. 나는 보통 자료조사를 할 때 큰 것부터 시작해 작은 정보를 찾아가는 순으로 정리를 한다. 그리고 기사를 정리할 때 반드시 날짜순으로 정리해야 한다는 철칙을 가지고 있다. 그렇지 않으면 새로운 팩트를 놓칠 가능성이 크기 때문이다. 큰 것부터 시작해 작은 정보 순서로 찾는다는 얘기는 검색어를 두고 하는 말이다. 예를 들어 창업에 대해 자료조사를 한다면 1차 검색어는 창업 ···▶ 2차 검색어는 ○○분야

창업 ⋯→ 3차 검색어는 ○○분야 창업 통계 등으로 접근하는 것이다. 즉 큰 내용을 먼저 조사하고 세분화해서 깊은 내용까지 찾아내는 방법이다. 추가로 하나 더 예를 들어 보면 쌀가루에 대해서 조사를 한다, 그러면 쌀가루의 효능 쓰임, 만드는 법, 요리과정 이렇게 큰 것들부터 기본적인 것부터 조사한 뒤 조금씩 범위를 좁혀나간다. 쌀가루를 먹으면 안 되는 사람은? 쌀가루로 만들어선 안 되는 음식은? 쌀가루에 대해 몰랐던 정보 순으로 말이다.

「세상에서 가장 아름다운 여행」이라는 휴먼 프로그램을 꽤 오래 제작했다. 작가에게 취재는 가장 중요한 부분인데 특히나 휴먼 프로그램에서는 더 중요하다. 보통 한번 통화를 시작하면 한 시간은 기본, 많이 할 때는 세 시간도 하는 것 같다. 이런 취재 영역도 기본적으로 신입 작가와 서브 작가의 몫이라고 보면 된다. 그런데 가만히 들어보면 취재를 기가 막히게 잘하는 친구가 있는가 하면 또 어이가 없을 정도로 못하는 친구도 있다. 잘한다의 기준은 뭘까? 당연히 취재 내용을 잘 뽑아내는 거겠지. 그리고 내용을 잘 뽑아내기 위해선 그 사람과 공감하는 능력이 있어야 한다. 그 사람의 이야기가 내 이야기인 듯 대화하는 기술이 필요하다. 작가는 그런 기술을 갖기 위해 노력해야 한다. 그러기 위해서는 일단 그 사람과 말하기 전 자료조사는 필수다.

예를 들어 내가 현빈과 통화할 예정인가? 그럼 현빈의 최근 근황부터 과거 드라마 이야기, 관심사 등 전반적으로 공부를 해야만 원활한 취재가 될 수 있다. 그렇지 않으면 물어볼 거리가 없어지기 때문이다. 만약 일반인과 통화를 한다면? 그 또한 마찬가지다. 서해에 사는 어부와 통화를 한다면 요즘 서해 상황은 어떤지, 요즘 잡히는 어종은 무엇인지 등 미리 취재하고자 하는 부분에 대한 기본적인 자료조사는 필수다. 여기에 싹싹함과 호탕한 웃음을 더한다면 금상첨화고. 좋은 프로그램을 기획하고 구성하는 작가의 비밀은 공감과 상대에 대한 자료조사인 셈이다.

3. 몰라도 아는 척! 섭외의 기술

8년 차 서브 작가의 하루

"안녕하세요. 저희기 지금 창업 프로그램을 준비하고 있는데 혹시 패널로 모실 수 있을지 해서요."

"안녕하세요. 저 기억하시죠. 일 년 전에 같이 프로그램 했었잖아요. 제가 요즘 창업 프로그램을 준비하고 있는데 혹시 출연 가능하실지 하고요."

하루에 적게는 수십 통, 많게는 수백 통도 넘게 전화를 하는 게 방송 작가들이다. 특히 연예인들은 스케줄을 맞추는 게 어렵기 때문에 평균 촬영 한 달 전, 최소 2주 전에는 섭외 연락을 돌려야 한다. 그럼에도 쉽사리 섭외가 되지 않는 경우가 많다. 출연료가 맞지 않아서, 소속사의 스타일에 프로그램이 맞지 않아서, 타 방송과 녹화 시간이 겹쳐서 등 이유도 참 다양하다. 하지만 방송 작가라면 포기하지 않고 섭외에 매달려야 한다. 예능 프로그램 같은 경우는 연예인들의 출연 여부가 시청률을 좌우하기도 하고 연예인의 스타일과 프로그램의 성향이 적합한지의 여부가 시청률에 큰 영향을 미친다.

개편에 맞춰 패널을 교체해야 하는 시기였는데 섭외를 서브 작가인 내가 맡게 됐다. (보통 연예인들 같은 경우는 섭외 노하우가 있는 연차가 좀 높은 서브 작가가 맡는다.) 한 개그맨을 섭외하려고 하는데, 검색해 보니 그가 꽤나 많은 프로그램에 출연 중이었다. 타 프로그램에서 일하는 후배도 섭외 차 연락을 해봤지만 스케줄이 빡빡해서 거절당했다고 했다. '녹화 날짜가 우리랑은 맞을 수도 있으니까'라고 생각하며 통화를 하기 위해 휴대폰의 번호를 눌렀다. 그런데 내 휴대폰에 그 개그맨의 번호가 저장되어 있는 게 아닌가. 보통 같으면 어떤 프로그램에서 함께 일을 했는지 옆에 적어뒀을 텐데, 그마저도 적혀있지 않다. (보통 나는 휴대폰에 저장할 때 이름을 넣고 뒤에 함께했던 프로그램을 적는 편이다.) 어찌 됐건 섭외라는 목표를 위해 통화 버튼을 눌렀고 연결음이 이어졌다. 이윽고 상대가 전화를 받았는데 너무 해맑게 인사를 건네 왔다.

"작가님!!!!!!!!!!! 잘 지내셨죠?"

도무지 어디서 이 사람과 일을 했는지 기억나지 않는데 상대는 격하게 나를 반기는 게 아닌가. 당황스러웠지만 일단 아는 척부터 하고 봤다.

"네. 그럼요!!! 잘 지내셨죠? 이게 얼마 만이에요~~~"

"그러니까요. 5~6년 정도 됐나요?"

"벌써 그렇게 됐나요? 그사이 어떻게 지내셨어요?"

속으로는 꽤 당황스러웠지만 더 뻔뻔하게 대화를 이어갔다. 그리고 마침내 그가 나의 궁금증을 해소해줬다.

"저 생투SBS 생방송 투데이 끝나고 난 뒤로 정보 프로그램에서 꾸준히 러브콜이 들어와서 바쁘게 지내고 있어요. 다 작가님 덕분이에요."

아! 우리의 만남은 SBS 「생방송 투데이」였던 것이다. 그 뒤로 나는 당시의 기억을 더듬거리며 자연스럽게 대화를 이어갔고, 우연한 친분 덕분에 섭외 스케줄이 가득하다던 그를 단번에 섭외할 수 있었다. 가끔은 '몰라도 아는 척!' 척이 필요할 때가 있다.

철저한 계획이 필요한 섭외

섭외를 할 때는 가장 크게 세 가지로 분류할 수 있다. 일반인 섭외와 연예인 섭외, 그리고 장소 섭외다. 보통 시사와 교양 프로그램에서는 일반인을 섭외하는 비중이 높고 예능 프로그램에서는 연예인을 섭외하는 일이 많다. 하지만 장소 섭외는 프로그램의 장르를 막론하고 필수적이다.

먼저 섭외 시 가장 어려운 대상이 일반인이다. 단연 방송 경험이 없으니 부담감도 더 클뿐더러 신상이 알려질까 하는 두려움 때문이다. 때문에 섭외 시 꼭 신상에 대한 공개 여부를 확인해야 한다. 시사 프로그램처럼 모자이크가 가능한 프로그램이라면 그 부분을 당연 알려 줘야 할 것이며 정보 프로그램처럼 그의 일상을 들여다볼 심산이라면 미리 어느 정도까지 촬영이 가능할지 조율해야 한다. 물론 첫 섭외 통화에서 단번에 조율이 되면 좋지만 일반인 섭외는 설득에 설득을 거듭해야 한다. 섭외하고자 하는 사람이 있다면 적어도 일주일 정도의 시간은 두고 여러 번 접촉을 해보자. 오고 가는 정이 싹틀 수 있도록.(경험상 대부분이 여러 번에 걸쳐 안부를 묻고 통화를 하다 보면 마음을 열어주시더라.) 처음부터 제작진이 원하는 것들을 다 요구한다면 아마 방송 출연 경험이 없는 일반인은 단칼에 거절이라는 카드를 내놓을 것이다.

연예인은 일반인보다 섭외가 쉬운 편이다. 하지만 일정이 맞지 않아서 불발되는 경우가 많기 때문에 수시로 일정 확인은 필수다. 또 섭외됐다 하더라도 연예인 같은 경우는 일주일 전, 이틀 전, 하루 전까지 지속적인 관심을 쏟을 것을 당부한다. 매니저가 한 명의 연예인만 맡아

관리를 하는 경우도 있지만 그렇지 않은 경우도 많기 때문에 작가들이 꾸준히 일정을 언급해 그가 잊지 않도록 해주는 게 좋다. 또 연예인을 섭외할 때 확인할 부분이 하나 더 있다. 혹시 내가 섭외하려는 프로그램의 방송 시간대와 현재 그가 출연 중인 프로그램의 시간대가 겹치지 않는지 혹은 프로그램의 장르가 비슷하지는 않은지 체크해봐야 한다. 특히 동 시간대 프로그램에 출연하는 것은 방송사 안에서도 금기시하는 부분이기 때문에 미리 확인 후 섭외를 하는 것이 좋다.

사람을 섭외하는 것도 까다롭지만 장소를 섭외하는 것 역시 쉽지 않다. 하지만 이 장소는 앞서 말한 바와 같이 어떤 장르의 프로그램을 막론하고 반드시 필요한 경우가 생기기 때문에 중요한 사항들은 알아둬야 한다. 먼저 적합한 장소를 찾는 것이 중요하고 찾은 뒤에는 반드시 방송 동의를 받아야 한다. 해당 장소가 어디냐에 따라 공문을 보내야 하는 경우도 있다. 이럴 땐 미리 공문을 작성해서 보내 탈이 없도록 해야 한다. 또 야외 촬영일 경우 드론을 띄어야 하는 경우도 있는데, 이때 역시 드론을 띄어도 되는 곳인지 확인해야 한다. (군사 지역을 비롯해 드론을 사용할 수 없는 지역들이 꽤 있다.) 답사를 하러 가서 정확히 장소를 눈으로 보고 섭외를 하는 게 가장 좋지만 그렇지 못할 경우는 장소에 대한 세세한 설명과 사진을 미리 받아보는 것도 추천한다. 또 전화로 촬영 동의를 받다 보니 당일에 가서 시간을 헷갈리거나 촬영 내용을 고지받지 못했다는 상황도 생길 수 있으니 꼼꼼히 확인하는 절차가 필요하다. 또 섭외 시 홍보가 될 거라는 기대에 냉큼 촬영을 동의하는 분들도 있지만 역시 혹여 문제가 될까, 실제 이용하는 사람들이 부담스러워할까 걱정되는 마음에 꺼리는 분들도 있다. 이럴 땐 정확하게 어떻게 촬영을 진행할 것인지 설명하고 부담을 덜기 위해 제작진이 할 수 있는 노력에 대해 제시하는 것이 좋다.

방송 작가에게 섭외는 가장 중요한 업무이자 섭외로 인해 작가의 능력이 평가되기도 한다. 특히 예능 프로그램 같은 경우는 섭외할 수 있는 연예인의 급에 따라 능력을 평가받는 경우도 꽤 있다.

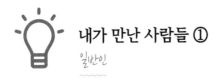

내가 만난 사람들 ①
일반인

방송 작가라는 직업의 장점 중 하나는 다양한 사람들을 만날 수 있다는 것이다. 그들을 통해 세상을 보고 배우기도 한다. 내가 만난 사람 중 기억에 남는 분을 소개하려고 한다.

가장 먼저 기억에 남는 분은 강원도 철원에 답사를 하러 갔다 만난 노부부다. 할머님이 병환으로 몸이 안 좋으셔서 집에서 꼼짝을 못 하셨다. 병원을 나갈 때도 휠체어에 의존해야 했다. 그런 할머님을 위해 할아버님은 매일매일의 바깥 풍경을 오래된 카메라에 담았다. 그리고 담아온 영상을 낡은 텔레비전을 통해 할머님께 선물했다. 이런 일상이 반복되다 보니 집 안에는 낡은 테이프들이 가득했다. 지금도 노부부를 떠올리면 마음이 따뜻해진다. 그리고 나도 그런 따뜻한 삶을 살겠노라 다짐한다. 참 이런 분들을 만날 수 있어 방송 작가를 그만두지 못하나 보다.

7개월 남짓 여행 프로그램을 하면서도 소중한 인연들을 많이 만났다. 그중 유독 기억에 남는 여행 작가 두 사람이 있다. 둘은 부부였는데 성대한 결혼식과 신혼여행, 집 장만 대신 그 비용으로 세계 일주를 택했다. 이후 아이가 생겼고 아이가 태어난 뒤 세 사람은 돌잔치 대신 해외여행을 떠났다. 그리고 장인어른, 장모님과 함께 다섯 명이 해외 캠핑카 여행을 떠났다.

두 사람의 여행 이야기는 들으면 들을수록 힐링이 됐고 삶을 돌아보는 계기가 됐다. 그 뒤 나는 조금이라도 남편과 여행을 떠나기 위해 노력했고 꼭 여행 기록을 남기기 위해 노력했다. 지금도 나는 부부에게 감사하다. 두 사람의 삶을 통해 내 삶의 가치, 경험에서 오는 좋은 기억들이 큰돈 혹은 타인의 시선에 비치는 것이 다가 아니라는 걸 배울 수 있었으므로.

'지리산' 하면 효심 가득한 중년의 아드님이 기억난다. 이분과는 지금도 연락을 하고 지내는데, 첫 만남이 참 인상적이었다. 거리가 꽤 있는 만큼 도착 전에 기진맥진했었던 걸로 기억한다. 굽이굽이 길을 따라 올라가니 예상치 못한 산꼭대기에 100평이 넘는 잔디밭과 이층집 한 채가 있었다. 그리고 집 옆에 딸린 밭에서 아들과 80대 노모를 만났다. 어마어마한 집에는 두 사람이 거주하고 있었는데 깊은 산속으로 들어오게 된 계기가 인상적이었다. 홀로 아들을 키워내신 어머님의 병환이 깊어지자 도심에 가족을 두고 어머님과 산속으로 들어온 것이다. 이층집 역시 수학 강사였던 실력을 발휘해 수학적인 설계로 아드님이 직접 지은 집이라고 했다. 그 효심 덕분일까? 산속에 들어온 뒤 할머님의 건강은 훨씬 더 좋아졌다고 한다. 사실 처음에 갔을 때 제삼자의 입장에서 도심에 남은 가족들이 걱정되기도 했지만, 나의 괜한 걱정이었다. 주말마다 며느리와 손자들이 할머님을 찾아와 함께 시간을 보내고 있었기 때문이다. 이런 모습을 보고 또 한 번 가족의 소중함을 느꼈던 것 같다. 그러고 보면 방송을 하면서 배우고 느끼는 게 참 많다.

4. 금맥보다 더 중요한 인맥

10년 차 메인 작가의 하루

- 아레나, 또 다른 비밀장부 '컨테이너에 숨겼다'
- '불법촬영' 정준영, 구속영장 발부
- 오늘 미세먼지 나쁨

오늘도 나는 눈을 뜨자마자 가장 먼저 휴대폰으로 새벽에 벌어진 뉴스들을 확인한다. 시사, 연예, 사건, 사고할 것 없이 일단 무작위로 읽는다. 그리고 주요한 기사, 관심 가는 이슈는 링크를 복사해 카카오톡 <나와의 채팅 창>에 보낸다. 사실 이렇게 보내놓은 기사들이 늘 100% 활용되는 것은 아니다. 하지만 이런 습관은 누군가 기사를 요청했을 때 재검색을 하지 않고 바로 전송해 줄 수 있으며 질문을 던져도 바로 피드백을 줄 수 있다. 그런데 이런 나의 당연한 습관이 생각지도 못한 때에 빛을 발하는 일이 생겼다.

SBS에서 아침 방송을 할 때였다. 당시 내가 맡았던 코너가 건강과

힐링에 대한 콘셉트로 자연에 사는 분들을 만나는 거였는데, 워낙 산에 사는 분들이라 섭외하는 게 쉽지가 않았다. 또 산중에 사는 분들이다 보니 휴대폰을 안 쓰는 분들도 많았고 전화가 안 터지는 경우도 비일비재했다. 원래 출연자를 섭외하는 게 쉽지 않은 일이긴 하지만, 이번에는 유난히 마땅한 출연자가 섭외되지 않았다. 방송 시간은 점점 다가오는데 섭외되지 않으니 너무 초조했다. 그러던 중 역대급 자연인을 기사를 통해 알게 됐다. 황토 할머니라 불리며 흙으로 건강을 지키고 계시던 분이었는데 연락처를 찾기가 어려웠다. 워낙 오래전에 방송을 통해 얼굴만 비쳤을 뿐 아무런 정보가 없었기 때문이었다. 마음이 급해진 나는 신문사는 물론 과거 인터뷰를 했던 방송사까지 연락을 돌려 번호를 요청했지만 단칼에 거부당했다. 하지만 포기할 수 없었고 할머님이 현재 사는 곳을 알아내기로 했다. 10년 전까지 거슬러 올라가 할머니에 대한 정보를 샅샅이 뒤지기 시작했고 결국 천안의 한마을에 살고 계시는 걸 확인할 수 있었다. 바로 해당 마을 이장님께 연락을 드렸다.

"요즘 방송 출연 안 하실 텐데유?"

"안 하시더라도 한 번 뵙고 얘기를 나눠보고 싶어서요. 연락처 좀 가르쳐 주세요~"

"에이 막 가르쳐줄 순 없고 내가 연락을 드려볼게유."

"네, 그럼 저희 프로그램이 자연에서 건강하게 사시는 분들 소개하는 거라고! 꼭 모시고 싶다고 통화라도 한 번 부탁드린다고 얘기 좀 잘해 주세요."

그날 저녁 이장님께서 할머님의 의사를 여쭙고 전화가 왔다.

"방송 출연 안 하신다는디?"

"왜요? 이장님, 제가 한 번만 직접 통화해 보면 안 될까요?"

"안 하신다고 절대 번호 가르쳐 주지 말라셨유."

"그래도 꼭 한 번만…."

"나이도 있으시고 예전에 방송했다가 크게 덴 적이 있다고 절대 안 하신다네유."

나는 더 이상 이장님을 설득할 수가 없었다. 꼭 할머님을 섭외하고 싶었지만, 번호를 알아낼 길이 없었다. 그러던 중 우연히 할머니의 인터뷰 기사에서 본 피부 전문가가 생각났다. 할머님이 연세에도 불구하고 피부가 좋으셔서 그 비결을 인터뷰한 것이었다.

앞서 말한 대로 관심 가는 기사를 <나와의 채팅 창>에 보내두는 버릇이 있었기에 과거로, 조금 더 과거로 기억을 훑어 올라갔다. 나의 기억은 틀리지 않았고, 한참을 거슬러 올라가 할머님을 인터뷰한 전문가의 또 다른 기사를 찾아냈다. 몇 문장 읽었을까. 기사를 쓰기 위해 할머님을 인터뷰한 전문가에 대해 한 지인에게 들었던 이야기가 떠올랐다. 피부과 전문의를 알고 있으니 원하면 소개를 해주겠다는 말이었다. 나는 곧바로 휴대전화를 들었다.

"선생님, 예전에 저한테 얘기하셨던 피부 쪽 글 쓰신다는? 그분 성함이 ○○○ 맞으세요?"

"응 맞는데. 왜?"

나는 지인 찬스를 이용해 할머님의 번호를 알아낼 수 있었고, 드디어 통화에 성공했다. 다행히도 할머님이 사람 만나는 걸 좋아하신다면서 얼굴 보고 얘기하자는 게 아닌가? 그렇게 피디와 나는 그날로 천안 할머님댁을 찾아가서 방송 취지를 전하는 동시에 할머님에 대한 취재를 시작했다. 사실 할머님이 방송을 꺼리셨던 데는 이유가 있었다. 할머님께서 방송에 나가셨는데 워낙 말씀도 잘하시고 거침없는 성격이라 안 좋은 얘기를 많이 들었다는 것. 사실 연세에 비해 건강하시기도 했지만, 워낙 강한 이미지여서 나와 피디도 처음엔 주눅이 들었다. 하지만 천천히 얘기를 나누다 보니 할머님의 순수하고 밝은 모습이 좋았고, 꼭 함께 방송을 하고 싶은 마음이 밀려왔다.

이후 우리는 촬영, 방송까지 무사히 진행했다. 방송이 전파를 타고 난 뒤 할머님께서 연락이 왔다. 너무 잘 봤다고. 주변에서도 너무 잘 만든 방송이라고 했다면서 언제 한 번 천안에 놀러 오라고 말이다. 그 말을 들으니 섭외하면서 눈물을 삼킨 일 따위는 기억나지 않았다. 그날 나는 할머님께 여쭤봤다. 그동안 방송을 꽤 오래 안 하신 거로 알고 있는데, 왜 이렇게까지 열심히 촬영에 임해주신 거냐고. 그랬더니 할머님께서 이렇게 얘기하셨다.

"작가가 그렇게 생글생글 웃는데 안 한다고 할 수가 있어야지."

방송은 곧 새로운 인연의 시작

방송 작가에게 인맥은 참으로 중요하다. 그래서 나는 한번 맺은 인연은 잘 지키려고 노력하는 편이다. 선배들은 물론, 황토 할머니를 비롯해 방송에서 알게 된 분들, 출연자 혹은 매니저들까지. 항시 안부를 묻는 연락을 한다. 전화가 어려울 때는 문자라도 남긴다. 그렇게 내 휴대폰에는 3000여 개의 전화번호가 저장되어 있다. 한 명 한 명 기억하는 게 쉬운 일은 아니지만 내가 기억해야 그들도 날 기억한다는 생각으로 늘 챙긴다. 그리고 방송을 한 뒤 정말 좋았다고 생각되는 곳이 있다면 다른 사람들에게 추천하기도 한다. 8년~9년 전쯤 지리산 중턱에 사는 모자를 촬영해 방송한 적이 있다. 그때의 인연이 지금까지도 이어져 오고 있다. 특히 모자의 삶도 훈훈하지만 산 중턱에 자리한 이층집도 너무 아름다워 나는 만나는 지인들에게 빼놓지 않고 소개하는 버릇이 생겼다. 덕분(?)에 현재 그곳은 유명한 관광지가 되기도 했다. 나 역시도 촬영 이후 일 년에 두 번은 꼭 방문한다. 얼마 전에는 지리산에 카페를 차리신다면서 카페 이름을 논의하는 전화도 받았다. 이처럼 방송 작가라면 그 누구도, 소중하지 않은 사람은 없다.

작가에게 인맥이 중요한 타이밍은 하루에도 두세 차례 이상 발생한다. 지난해 '유기견 안락사 제로 프로젝트'라는 명분을 걸고 프로그램을 제작한 적이 있다. 당시에 촬영 일정이 갑작스럽게 잡히면서 단, 이틀 만에 지방 촬영에 동행해 줄 개그맨을 섭외해야 했다. 일반인과 달리 연예인들은 워낙 스케줄이 빡빡한 사람들이 많아서 최소 일주일 전에는 일정을 잡아야 한다. 하지만 단 이틀만 남겨둔 상황에 섭외를 해야만 했다. 참 전화를 하는 것조차 민망한 상황이었는데 평소 친분이 있어 오빠라 부르던 개그맨에게 전화를 걸었다.

"오빠 잘 지냈죠?"

"오~ 작가님 잘 지내죠? 무슨 일이에요?"

"다름이 아니고 급하게 지방 촬영을 가야 하는데 시간 괜찮을지 해서요."

"언젠데?"

"내일모레."

"와우! 알겠어~ 작가님이 하는 거면 내가 없는 시간도 빼서 가야지!"

"정말 정말 고마워요. 이 은혜 잊지 않을게요."

미안한 마음에 슬쩍 얘기를 꺼냈는데, 한 치의 고민도 없이 오케이를 해주는 게 아닌가. 심지어 출연료도 묻지 않고, 지방이 어딘지도 묻지 않고 말이다. 이렇듯 인맥은 방송 작가에게 부단히 노력해서 지켜야할 항목 중 하나다. 그렇기에 인맥의 끈을 절대 놓지 않아야 한다.

······················ 나만의 인맥 관리 법 ······················

1. 명절에 지인들에게 빼놓지 않고 안부 묻기

　가까운 사람들부터 조금은 멀지만 나와 연이 있는 사람들에겐 설, 추석에 먼저 연락한다(국장님, 부장님, 선배 작가, 후배 작가, 매니저, 기획사 대표, 친한 연예인들 등). 그럼 그들은 내가 대접을 받고 있구나, 생각해서 서로 챙겨주게 된다.

2. 가까운 사람의 생일 혹은 시상식은 반드시 챙긴다

　요즘 카카오톡에는 생일이 뜬다. 그때 꼭 생일 축하 메시지를 보낸다.

3. 해당 지역에 가면 꼭 재방문하기

　촬영했던 일반인들의 경우는 해당 지역에 내려갈 일이 생기면 반드시 전화로라도 안부를 묻고, 시간이 맞는 경우 찾아뵙고 온다.

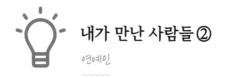

내가 만난 사람들 ②

연예인

10년 넘게 방송 일을 하다 보니 좋은 사이로든, 나쁜 기억으로든 유독 기억에 남는 연예인이 꽤 있다. 그중 요즘 인기를 얻고 있는 NRG의 노유민이 가장 기억에 남는다. 내가 신입 작가일 때 그와 함께 프로그램을 한 적이 있는데 그 당시만 해도 NRG의 인기가 어마어마했다. 그런데 유난히도 추웠던 겨울 녹화 날, 하필 공연장도 오래돼서 대기실을 가려면 건물을 한 바퀴 돌아야만 했다. (보통 녹화장에서 신입 작가는 이리 뛰고 저리 뛰어야만 한다.)

게다가 눈도 와서 땅까지 얼었는데 빙판길을 뛰어다니려니 여간 힘든 게 아니었다. 그 때 차량에서 대기하고 있던 유민 씨가 자신의 귀마개를 들고 차에서 내리더니 슬쩍 건네주는 게 아닌가. 정말 고마운 마음에 귀마개를 손에 받자마자 눈물이 핑 돌았다. 사실 신입 작가일 때는 내가 연예인들을 챙겼던 터라 그들에게 챙김을 받는 게 익숙하지 않았다. 더구나 연예인이라고 하면 큰 벽처럼 느껴졌을 때이기 때문에 조금 낯설기도 했던 것 같다. 하지만 그날 일을 계기로 나는 유민 씨와 조금 더 가까워졌고 연예인도 나와 같은 평범하고 정 많은 사람이라는 걸 알게 됐다. 다시금 '그때 너무 고마웠노라'고 마음을 전하고 싶다.

함께 프로그램 하는 동안 "에이, 작가들도 고생하는데." 라는 말을 제일 많이 들었던 때가 있다. 바로 창업 서바이벌을 제작할 때다. 당시 프로그램의 메인 MC가 박수홍 씨였는데 작가와 피디들을 워낙 잘 챙겨줬다. 특히 제작진들의 대소사까지 살뜰하게 챙기는 따뜻한 오빠였다. 물론 큰 행사도 마다하고 내 결혼식 사회도 봐줬다. 일절 돈도 받지 않고 말이다. 최근에도 다른 프로그램에서 만났는데 이름을 부르며 손을 꽉, 잡더니 그간의 안부를 묻는 게 아닌가. 이처럼 방송국도 결국 사람이 사는 세상이라는 것, 또 한 번 느끼게 해준 계기였다.

유기견 관련 프로그램을 할 때다. 비가 억수같이 쏟아지던 날, 1회 방송분으로 나갈 녹화다 보니 우산도 쓸 수 없는 여건이었다. 나는 MC들이 도착하기도 전에 걱정에 휩싸였다.

'아, 완전 난리 칠 것 같은데.'

그 이유는 당시 메인 MC였던 지상렬 씨가 그 전날 부산에서 촬영하고 새벽에 끝나 우리 촬영장으로 바로 넘어오는 빡빡한 일정이었기 때문이다. 컨디션도 안 좋을 텐데 비는 억수같이 쏟아지고, 이 비를 맞으며 촬영을 강행해야 한다니, 왠지 하루가 고달플 것 같았다. 하지만 예상치 못한 일이 벌어졌다.

지상렬 씨가 촬영 내내 웃으며 작가들 챙기기에 급급했기 때문이다.

"우산 좀 쓰세요.", "작가님들 감기 걸리겠네."

본인도 비를 쫄딱 맞아 메이크업을 한 건지 안 한 건지 모를 정도인 데다가 운동화는 이미 진흙에 빠져 본래의 색깔 구분이 안 될 정도였다. 그런데도 짜증은커녕 제작진을 걱정하고 나서다니 고마울 따름이었다. 급기야 매니저들까지 나서 비를 맞으며 스케치북을 들고 다니는 작가들에게 우산을 씌어주는 상황까지 발생했다. 정말 지금 생각해도 너무 따뜻한 풍경이다. 이렇게 좋은 사람들이 있어 나는 오늘도 방송 준비를 하고 있는 게 아닐까 싶다.

5. 촬영과 편집,
그 사이

5년 차 서브 작가의 하루

어제까지는 섭외에 시달렸다면 오늘은 구성안을 써야 해 골치다. 보통 촬영에 앞서 작가들은 촬영 구성안을 작성하게 되는데, 비교적 꼼꼼하게 작성해야 한다. 피디에 따라 원하는 스타일이 다르기도 하고 연차가 적은 피디일 경우 더 세세하게 적어주길 원하기도 한다. (연차가 적을수록 작가의 구성안에 의지하는 경향이 있다.) 예전에 어떤 피디는 적어준 그대로 인터뷰를 받아오는 경우도 봤다. 이처럼 작가에게 의존하는 피디들도 꽤 있다는 것을 알아두면서 작가들의 촬영구성안이 큰 몫을 한다는 걸 기억하고 쓰면 더 열심히 쓸 수 있다. 모쪼록 섭외된 인물과 조율한 촬영 내용에 대한 것들을 기, 승, 전, 결 구성으로 스토리를 잡아 구성안을 쓰면 되는데 가끔 어려운 아이템과 맞닥뜨리면 멘붕상태에 도달하게 된다. 이번에 써야 하는 촬영구성안의 내용은 젊은 나이에 홀로 창업에 성공한 CEO의 스토리다. 그런데 창업 아이템이 쉽게 접할 수 있는 게 아니라 시청자들의 관심을 끌 수 있는 장치가 필요했다.

'뭐가 있을까?'

'새로운 아이디어 없을까?'

'창업 아이템은 너무 어려워….'

긴긴 고민 끝에 타 방송분부터 유튜브 영상, 창업 아이템과 관련된 홍보영상까지 창업과 관련된 영상을 모조리 긁어 보기 시작했다. 하지만 창업이라는 게 쉽사리 새로운 포맷을 도입시키기가 모호해서 인지 비슷한 포맷이었다. 마땅한 아이디어를 얻지 못하고 저녁을 먹을 시간이 됐다. 후배 작가들과 저녁을 먹기 위해 식당으로 향하는데 길거리에서 잘생긴 남자 두 명이 스티커 하나만 붙여달라면서 자신들의 목적을 달성하기 위해 고군분투하는 게 아닌가. 속으로 '잘생겼다!'를 연발하던 찰나 나의 뇌가 '반짝' 하면서 빠르게 움직였다.

'그래! 길거리에서 평가를 받아보자.'

잘생긴 두 남성 때문에 아이디어가 떠오른 것은 아니었지만, 그래도 지금을 빌어 고마운 마음을 전한다. 나는 저녁을 먹는 동안 머릿속으로 길거리 평가 시뮬레이션을 했다. 추가로 섭외할 사람들을 추려 내고 마땅한 장소를 물색했다. 사실 뭔가 떠오르기 시작하면 밥이 코로 들어가는지 입으로 들어가는지 알 길이 없다.

사무실로 돌아오자마자 장소를 섭외하기 위해 여러 곳에 전화를 돌렸다. 홍대부터 강남, 지하철 역사까지. 하지만 촬영이라는 조건이 걸려있는 한 쉽지 않았다. 그러던 중 문득 작년에 광화문역사에서 촬영을 했던 게 기억이 났다. 당시 역사 담당자에게 전화를 걸었고 혹시 가능할지 요청을 했더니 오래 걸리는 촬영이 아니라면 가능할 것 같다고 했다. 이처럼 작가들의 인맥은 이럴 때도 크게 작용한다.

장소 섭외가 끝났다고 끝난 게 아니다. 길거리에서 평가를 받는 거라지만 창업 아이템인 만큼 글로벌한 인물들의 평가도 필요했기 때문이다. 하지만 이마저도 쉽사리 성사될 리 없다. 단순히 평가하기 위해 본인들의 시간을 빼줘야 하는 만큼 섭외가 힘들었다. 하지만 나와 3년 차 서브 작가는 외국인을 섭외할 수 있는 곳이라면 가리지 않고 연락을 돌렸다. 외국계 사업을 하는 기업부터 외국어 강사들이 근무하는 학원, 소규모 외국인 창업 모임까지 방대하게 리스트를 찾아 전화를 돌렸다. 전화를 돌리다 보니 어느덧 밤 12시. 그래도 성과는 있었다. 다섯 명의 사람을 모은 것. 하지만 일반인들은 언제 출연을 번복할지 모르니 대안이 있어야 했고, 내일 오전에 또 추가로 전화를 하기로 했다.

늘 이렇게 아이디어를 고민하고 구성을 고민하고 섭외를 고민해야 하는 게 우리 작가들의 몫이지만 항상 좋은 결과만 나오지는 않는다.

하지만 생각하기를 멈춘다면 방송은 늘 지체되어 있지 않을까?

한번은 KIST 한국과학기술연구원의 특집 다큐멘터리를 기획한 적이 있는데, 내용은 하나도 모르겠는데 재미없는 어려운 다큐멘터리로는 만들기 싫었다. 그래서 회의 때 피디들과 조금 새로운 시도를 해보자고 논의를 한 뒤 구성안을 쓴 적이 있는데, 그동안 해왔던 특집 다큐멘터리와는 전혀 색이 다른 휴먼 느낌으로 결과물이 나왔다. 그런데 피디들은 물론 팀장님들의 반응이 꽤 좋았던 것으로 기억한다. 어려운 아이템도 조금만 새롭게 구성하고 흐름을 잡으면 눈에 확 띄게 방송을 만들 수 있다. 이후 나는 시도하지 않았던 방향으로 달리 생각해 보는 습관이 생겼다. 그리고 같은 아이템을 가지고도 버전을 여러 개로 해서 구성안을 써보는 습관도 생겼다. 물론 시간은 배로 걸리지만 결과물을 놓고 봤을 때 훨씬 좋은 성과가 나왔기 때문이다. 물론 매번 새로운 시도를 한다는 건 어려운 일이다. 하지만 한 달에 한 편 정도는 새로운 시도를 하려고 노력하고 있다.

촬영이 끝났다고 작가의 일이 끝난 건 아니다. 더 중요한 건 지금부터다. 방송이 전파를 타기 전 마지막 관문인 편집이 남았기 때문이다. 편집이라고 하면 피디의 역량이 크게 작용할 거라고 생각하지만, 이때도 작가가 해야 할 중요한 임무가 있다. 촬영본 영상을 본 뒤 그것을 바탕으로 편집구성안을 쓴다. 편집 구성안이라고 함은 꼭 써야 할 인터뷰나 현장음을 골라내고 편집을 이렇게 했으면 좋겠다는 작가의 의견을 반영해 구성의 흐름을 잡는 것이다. 촬영 영상이 많을수록 편집구성안을 쓰는 작가들에게는 부담이 따르기 마련이지만 꼼꼼히 봐야 한다. 놓치는 것이 없도록. 사실 편집구성안을 쓴다고 해서 반드시 내가 쓴 대로 영상이 편집되지 않을 때도 많다. 작가의 편집구성안에 피디의 생각이 얹어지기 때문인데 내가 쓴 것과 디르디고 자존심이 상해할 필요는 없다. 서로의 의견을 공유하고 절충하는 절차라고 생각하면 맞겠다.

놓치지 말아야 할 것들

전파를 타는 모든 것들에 작가가 개입하지 않는 건 없다. 그렇기 때문에 하나하나 신중을 기해야 하며 정확한 정보를 전하기 위해 노력해야 한다. 신선한 아이디어를 내는 것이 중요하지만 그 신선함이 팩트를 어긋나게 해서는 안 된다. 또 같은 프로그램이더라도 누가 제작하느냐에 따라 방향도 색깔도 많이 달라진다. 때문에 작가의 영향력이 선하게 작용할 수도 악하게 작용할 수도 있다는 걸 명심해야 한다.

한번은 꽤 고민스러운 아이템(포도송이를 자르는 신개념 가위)을 맡은 적이 있다. 늘 새로운 아이디어를 고민하는 작가로서 그 아이템 역시 고민에 빠졌다. 이 제품을 소개하기 위해 필요한 조건들이 뭘까 고민했다. 우선 단순하게 생각하기에는 포도 농사를 짓는 곳을 찾아가서 실제 사용 모습을 보여줘야 할 것 같았고, 기존의 가위와 다른 점이 뭔지 알려줄 수 있어야 할 것 같았다. 그런데 아무리 공부를 해도 기존의 가위와 다른 점을 찾기란 어려웠다. 그리고 포도 농가에서만 사용한다고 치면 수요가 많을지도 의문이었고 가격대비 기존의 가위를 버릴 만큼 값어치가 높을까 하는 의문도 들었다. 그리고 동시에 도대체 왜 이 제품을 소개해야 하는지 반문까지 들기 시작했다. 하지만 이는 단 하루 만에 나의 잘못된 생각이었다는 걸 깨달았다. 개발자와 긴 시간 통화를 했는데 그 안에 해답이 있었기 때문이다. 개발자는 단순하게 포도가 나오는 철이라 포도로 시범을 보였던 영상을 보낸 것뿐인데 나는 그걸 포도 농가로 국한 시켜버렸던 거다. 즉 다른 과일이나 채소를 키우는 농가뿐 아니라 식물을 키우는 집이라면 다 사용이 가능한 제품이란 얘기였다. 그리고 그 제품만의 강점이라면 손을 절대 다칠 일이 없도록 설계됐다는 것이다. 그리고 내가 간과했던 것이 더 있었다. 개발자가 이 제품을 어떻게 만들어 냈는지, 몇 년의 수고로움과 눈물이 섞인 것인지 알려고 하지 않았다는 점이다. 만약 개발자의 이야기를 진득하니 듣지 않고 내 생각대로 구성안을 쓰고 촬영을 진행했다면? 개발자의 항의는 물론 이 제품을 사용하고 있는 사람들의 항의 전화를 하루 종일 받아야 했을 거다. 또 방송이 나간 뒤 개발자의 마음에는 큰 상처가 남았을 거다. 이처럼 작가들의 촬영구성안은 그 어떤 단계보다 중요하다. 팩트를 놓쳐서도 안 되며 아이디어를 간과해서도 안 된다. 그리고 가장 중요한 사람의 진심을 관통할 수 있어야 한다.

예능 프로그램에서도 작가의 선한 영향력은 반드시 필요하다. 재미를 위해 제삼자에게 피해를 끼치는 일이 있어서는 안 된다. 촬영을 위해서 무분별하게 일반인이 노출되어서도 안 되며, 재미를 위해 사용해선 안 될 자료를 사용하거나 하지 말아야 할 발언을 하는 것은 조심해야 한다.

지난해 「전지적 참견 시점」이라는 프로그램에서는 이영자의 어묵 먹방 장면에 세월호 참사 뉴스 보도 화면을 사용해 논란을 일으켰다. 세월호 참사 당시 온라인 커뮤니티 일간베스트저장소일베에서는 세월호 피해자들을 '어묵'이라고 표현하며 비하했기에 '전참시'의 당시 편집은 다분히 의도적이라는 비판이 따르며 거센 질타를 받았다. 이후 제작진과 M 방송사 측은 공식 사과를 표했고 M 방송사의 사장까지 직접 나서 두 차례나 사과문을 게재하며 논란 진화에 나서기도 했다. 이영자 역시 해당 장면에 충격을 받고 제작진에 녹화 불참 의사를 전했다. 결국 '전참시'의 녹화가 전면 취소돼 2주간 결방되기도 했다. 물론 당시의 사건이 방송 작가의 실수로 벌어진 일은 아니지만 방송을 하는 제작진이라면 당연하게 확인하고 또 확인해야 한다. 그리고 무엇보다 제삼자에게 상처가 되는 언행은 특히나 조심해야 한다. 그래야 그 어떤 누구도 내 방송을 통해 상처받지 않을 수 있을 테니 말이다. 그리고 이건 방송을 통해 세상을 좋은 쪽으로 바꿀 수 있는 우리 방송인이 반드시 지켜야 할 일이기도 하다.

6. 이것은 원고인가, 업보인가

5년 차 서브 작가의 하루

밤 12시. 연거푸 커피를 마시며 노트북 잎에 앉은 내 모습이 참, 더럽다. 머리는 사흘 째 감지 못했다. 그래도 당당하게 세수와 양치는 했다. 난 작가가 되기 전 우아하게 카페에서 커피를 한 잔 시켜놓고 여유 있게 대본을 쓰면 되는 줄 알았다. 하지만 실상은? 우아함이 뭔가요? 여유란 게 있긴 한가요? 오늘도 난 한숨을 푹푹 쉬며 졸린 눈을 비빈다. 하지만 내 마음을 아는지 아무리 기다려도 영상이 오지 않는다. 늘상 대본을 쓰는 날은 쪽 영상을 기다리는 날들이 부지기수다. 그런데 날 더 조급하게 하는 건 더빙이 내일 정오라는 점이다. 지금부터 딱 12시간 남은 상황인 셈이다. 아무리 메일을 열어보고 또 열어봐도 기다리는 영상은 올 생각을 하지 않는다. 25분이라는 영상을 받고 써야할 대본은 절대 짧은 분량이 아닌데, 피디가 야속할 뿐이다. 하지만 홀로 촬영에 편집까지 해야 하는 피디의 심경은 오죽하랴. 그래서 오늘도 난 최대한 닦달하지 않고 기다려본다.

밤 12시 30분, 드디어 영상이 왔다. 하지만 10분…. 전체 영상이 올 거라고 기대한 건 아니지만 또 마음이 찢어진다. 일단 10분이라도 빨리 대본을 쓰자는 생각에 영상을 열었지만 와우! 싱크가 생각보다 적다. 여기서 싱크라고 하면 현장음이나 리포터가 말하거나 인터뷰를 해서 넣은 부분들을 말한다. 작가들은 이 싱크가 적을수록 내레이션을 써야 하는 부분이 많아진다. 그래서 사심이지만 싱크가 많기를 늘 기대하곤 한다. 어찌 됐건 오늘도 대본을 써야 한다. 다운로드받은 영상을 작은 창으로 띄우고 그 옆 반 토막에는 한글 창을 띄운다. 그리고 일단 가장 먼저 해야 할 일은, 완편 프리뷰다. 완편 프리뷰라 함은 영상을 보고 그림과 싱크를 나누는 작업이다. 이 작업을 해야만 내레이션을 쓸 부분을 골라낼 뿐 아니라 대본을 만드는 기초 틀 작업을 할 수 있다. 이때 컷그림이 바뀌는 부분마다 몇 초 가량이 되는지 표시한다. 그리고 그 초에 맞춰 내레이션을 쓴다.

※ 완편 프리뷰 장면: 노트북에 영상과 한글을 같이 띄워놓고 작업한다.

첫 대본을 쓰던 날이 생각난다. 지금이야 대본을 쓰는 게 익숙하지만 선배가 입봉을 하라면서 대본을 맡겼는데, 도무지 뭘 해야 할지 머릿속이 하얘졌다. 도망가고 싶은 마음뿐이었다. 하지만 '내 글'을 쓰고 싶었기에 썼다 지우기를 반복하며 밤을 꼴딱 새운 끝에 5분가량의 대본을 완성했다. 사실 그때는 대본을 쓰는 방법을 몰랐기에 선배들이 쓴 대본을 흉내 내기에 급급했다. 엉망진창 대본을 들고 메인 선배에게 갔는데, 혼쭐이 날거라 예상했지만 잘 썼다며 하나하나 수정해야 할 부분들을 설명을 보태가며 얘기해 주는 게 아닌가. 그 뒤로 나는 꾸준히 5분가량의 대본을 써냈고 그 프로그램을 그만둘 때 즈음엔 후배 작가에게 내가 대본 쓰는 법을 가르쳐 줄 수 있었다. 사실 나는 지금도 입봉한 후배들에게 건네는 말이 있다. 일단 대본을 쓰는 게 손에 익을 때까진 선배 작가들의 대본을 흉내 내는 연습을 하라고 말이다. 사실 방송이라는 게 가는 곳마다 장르가 달라지고 더빙 톤도 달라진다. 때문에 모방은 창조의 어머니라고 하지 않던가. 선배들의 대본을 모방하면서 나만의 문장을 만들어가는 게 가장 중요한 것 같다. 그래서 나는 지금도 프로그램을 옮길 때마다 해당 프로그램의 대본을 공부하고 모니터링 하면서 감을 익히곤 한다.

마지막 5분가량의 영상이 나온 시간은 아침 9시. 남은 3시간 안에 내레이션을 써야만 한다.

예전이라면 불가능했을 법하지만 지금은 빠른 속도로 내레이션을 써 내려간다. 그리고 마침내 마지막 멘트를 고민하고 있다. 나는 첫 문장과 마지막 문장을 가장 중요하게 생각하기 때문에 가장 많은 시간 공을 들이고 고민한다. 썼다 지우기를 반복하지만 시간은 나를 압박해온다. 더 이상 지체할 수 없다. 가장 마음에 드는 문장으로 마지막 내레이션을 써서 메일을 발송한다. 메일을 보내고 난 뒤에도 아쉬움이 남는 마음에 대본을 다시 보고 또다시 본다. 그렇게 또 내 손에서 만들어진 한 편의 대본이 세상의 빛을 보게 됐다. 그 보람 때문에, 그 아쉬움과 뿌듯함이 공존하는 시간 때문에 힘든 제작 여정을 견뎠는지도 모르겠다. 더빙이 무사히 잘 끝났다는 문자를 받고 난 이불을 덮었다.

※「세상에서 가장 아름다운 여행」 실제 방송 대본

실제 대본 전체는 부록에 별도 수록

작가의 분신 노트북

친한 작가들과 피디 몇몇이 모여 만든 모임이 있다. 일명 '알코올' 모임. 술을 사랑하는 사람들이 모였으므로 이름도 알코올 모임이다. 이 모임은 정기적으로 일 년에 두세 번 정도 여행을 함께 하곤 하는데, 꼭 작가들의 짐에는 노트북이 함께한다. 심지어 몇몇 친구들은 클럽을 가는데 노트북을 챙겨서 긴다. 왜 이토록 노드북을 애지중지하냐고? 그 이유는 언제 어디서 피디가 혹은 메인 작가가 날 찾을지 모르기 때문이다. 또 가끔은 섭외했던 사례자가 펑크를 내기도 하고 오케이 받았던 촬영지에서 섭외를 어그러뜨리기도 한다. 때문에 노트북은 떼려야 뗄 수 없는 귀중품이 된 셈이다. 매번 알코올 모임을 가기만 하면 꼭 작가 세 명^{멤버 중 세 명이 작가다.} 중의 한 명은 노트북을 붙잡고 있는 일이 생긴다. 자막을 써야 하거나 급하게 섭외를 해야 하는 일 등 노트북이 없어서는 안 될 상황이 벌어지는 거다. 그럴 때마다 저녁을 먹다 말고, 혹은 알코올을 흡입하다 말고 홀로 떨어져서 작업을 하곤 한다. 하지만 우리에게는 익숙한 풍경이기에 누구도 방해하거나 개의치 않는다. 이 대목에서 많은 작가들이 휴대폰으로 작업을 하면 안 되나요?'라고 물어볼 수 있다. 하지만 단언컨대 휴대폰으로 해결할 수 있는 일은 극소수다. 자료를 서치 하는 것, 섭외 전화를 하는 것. 하지만 작가의 모든 자료는 노트북에 있으며 대부분 한글 파일로 작업을 한다. 작은 휴대폰 속에서 해결이 불가능한 경우가 상당하다. 작가에게 노트북은 분신과도 같은 존재다.

1년 전 주민등록증을 잃어버려서 동사무소에 간 적이 있다. 그런데 지문이 안 찍히는 게 아닌가. 그렇게 여러 번의 실패 끝에 1시간 만에 재발급에 성공했다. 집으로 돌아오는 길에 왜 지문이 안 찍힐까, 생각했다. 그러던 중 너덜너덜해진 키보드가 생각났고, 닳아 없어진 지문 없는 내 손가락을 쓰다듬었다. 미안하다 지문아….

···························· 내가 만든 '작가' 행동수칙 ····························

1. 어디를 가든 노트북은 가방 속에 담아두자
2. 엑셀은 못 해도 한글은 필수라고 생각하고 배우자
3. 하루에 2번(아침/밤) 인터넷 서치는 필수로 하자
   아침엔 새벽 사이 올라오는 기사 확인, 밤에는 특종이나 속보가 뜰 수 있으니 확인
   (세상 돌아가는 걸 알아야 아이템을 보는 눈도 넓어진다.)

···

7. 방송은 끝났지만
   제작은 시작

1년 차 새내기 작가의 하루

방송이 끝나고 난 뒤 가장 바쁜 건 신입 작가인 나의 몫이다. 분당 시청률 표를 만들어야 하기 때문이다. 이게 말이 좋아 분당 시청률표지, 만드는 사람의 입장에선 여간 까다로운 작업이 아니다. 일단 50cm 자와 형광펜을 들고 시청률 표 작업을 시작한다. 이때 방송 다시 보기는 필수다. 어젯밤에도 봤지만 한 번 더 보면서 분당 아이템 목록을 적는다.

말로 들으면 쉬워 보일 수 있지만 대단한 집중력을 요하는 작업이다. 보통 두 시간가량을 투자해야 만들 수 있다. 다 만들고 나면 작가와 피디들이 있는 전체 제작진 톡방에 공유한다. 이쯤 되면 '도대체 왜 만드는 거야?' 라고 의문을 던질 수 있다. 하지만 프로그램을 제작하는 제작진에게 이 표는 울고, 웃고 또 회의하는 데 중요한 지표가된다. 시청률 표가 완성되면 제작진은 다음 회차를 위한, 이전 회차를 반성(?)하는 회의를 한다. 어떤 부분에서 시청률이 잘 나왔는지 어떤 부분에서 떨어졌는지를 분석하고 이 시청률을 기반으로 다음 방송의 흐름을 잡는다.

시청률 표 작업을 마친 뒤에 신입 작가 역시 다음 방송을 준비해야 한다. 방송이 끝났다고 쉴 거라고 생각하면 오산이다. 매주 방송 편성이 되어 있는 만큼 쉴 틈이 없다. 방송 후 올라온 기사들은 물론 새로운 내용의 기사를 검색하고 정리한다. 자료조사의 시간이 다시 돌아온 것이다. 보통 작가들의 업무는 반복의 반복을 거듭한다. 때문에 정말 한 주가, 한 달이 빠르게 지나간다. 자료조사를 하고 섭외를 하고 촬영을 하고 또 녹화를 하고 시청률 표 작업을 하고 자료조사를 한다. 무한 반복적인 업무지만 아이템이 매번 바뀌기 때문에 지루할 틈은 없다. 반면 빠르게 적응이 될 것 같았지만 또 그렇지도 않다. 열심히 따라간다고 했지만 늘 놓치는 것들이 생겼고 자책을 하는 날도 많았다. 하지만 내가 찾은 자료가 대본으로 만들어지고 내가 섭외한 사람이 녹화를 한다니 늘 새롭고 신기하기만 하다. 모쪼록 나는 한 편의 방송을 마쳤고 또 다음 방송을 준비하고 있다.

※ 신입 작가들이 작업한 시청률표

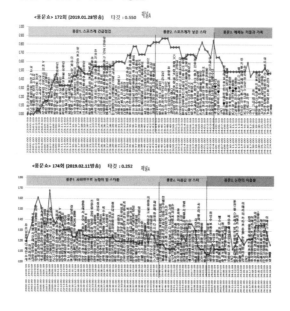

스태프 스크롤에 내 이름이 나간다는 것

방송이 나간 뒤 마지막에 스태프 스크롤을 보며 희열을 느끼던 때
가 기억난다. '이런 게 방송이구나, 내가 진짜 작가가 됐구나'. 누구보
다 부모님이 뿌듯해 하셨다. 방송을 본 뒤 늘 연락을 해오곤 하셨는
데, '이런 건 재밌더라 저런 것도 해봐라!' 조언을 아끼지 않으셨다. 10
년 차가 넘은 메인 작가가 됐지만 지금도 스태프 스크롤을 보면 나
스스로가 대견하다.

'또 한 주를 버텨냈구나'

'또 한 주를 살아내야 하는구나'

비록 고됨의 연속이지만 이 또한 작가의 숙명이라고 생각한다. 그리고 스태프 스크롤에 이름이 올라가는 순간 우리는 우리의 책임을 다 해야 하는 자리에 있다고 생각한다. 때문에 선한 영향력을 행사해야 한다.

방송을 하는 우리들끼리는 종종 이런 얘기들을 한다.

"우리 때문에 누군가는 피해를 볼 수도 있어. 때문에 팩트 확인은 어디서든 가장 중요해"

그렇다. 방송에 한 번 나오면 장르 불문하고 매진행렬이고 식당 간판만 살짝 등장해도 다음 날 음식이 없어서 팔지 못하는 경우가 다반사다. 또 이보다 더 중요한 건 장기적인 영향력 또한 세다는 것이다. 휴먼 다큐멘터리 하나가 사람의 삶을 바꿔놓기도 하고, 시사 프로그램 한편의 방송이 사회적인 변화를 끌어내기도 한다.

방송은 세상을 변화시킬 수 있는 수단이다. 물론 그 일들을 해내기 위해선 시청자의 힘이 가장 크게 작용하지만, 그 연결점에 선 것이 바로 방송 작가다. 때문에 우리는 선한 영향력을 가지고 선한 글을 쓰며 내 이름에 책임질 수 있는 방송을 만들어야 한다. 스태프 스크롤에 나가는 내 이름 석 자가 부끄럽지 않도록.

베테랑 작가에겐
'남다른 뭔가'가 있다!

1. 누구나
신인인 시절이 있다

나도 11년 전엔 신입 작가였답니다

1600만 명 이상을 동원한 「국제시장」을 제치고 역대 흥행 2위 영화에 오른 '극한직업'은 「7번 방의 선물」 이후 처음으로 천만 관객을 동원한 코미디 영화다. 이 영화의 시나리오를 쓴 배세영 작가는 10년간 시나리오 작가로 활동했지만, 지역신문 외에 대대적인 인터뷰를 한 게 이번이 처음이라고 한다. 이처럼 사회의 한 획을 그을 만한 작품을 뚝딱뚝딱 만들어 내는 베테랑 작가들 역시 다 작가 초년생을 겪은 뒤 지금의 자리에 서 있다. 고로 신입이던 시절 없이 지금의 자리에 있는 작가는 그 누구도 없다.

돌이켜보면 몰래 숨어서 울었던 적이 참 많다. 「TV 동물농장」에서 서브 작가로 일할 당시 메인 작가가 날 유독 예뻐했다. (물론 지금도 예뻐하신다.) 하지만 믿음이 클수록 기대치는 높기 마련인데 내가 쓴 첫 대본이 마음에 안 들었던 모양이다. 사실 핑계처럼 들릴 수 있지만 내 입장도 있었다. 앞에 난 시사 프로그램을 오래 했었고, 더빙 톤이 이미 시사 톤에 익숙해져 있었다. 그러니 「TV 동물농장」의 가볍고 위트 넘치는 대본 톤이 쉬울 리가 없었다. 결국 내가 쓴 첫 대본은 메인 작가의 손에서 재탄생됐고 나는 자괴감에 빠졌다.

'내가 글을 못 쓰나.'

'작가를 그만둬야 하나.'

온갖 돌덩이들이 나의 마음을 짓누르기 시작했다. 더빙이 끝난 뒤 아무도 없는 화장실을 들어간 순간, 나는 기다렸다는 듯이 펑펑 울고 말았다.

'작가라는 직업이 이렇게 어려운 거였나.'

'그냥 하던 프로그램에 있을 걸 왜 옮겼지….'

온갖 후회가 머릿속을 가득 채우기 시작했다. 그렇게 30분가량을 변기통과 친구가 돼 혼잣말하다가 울다가 또 혼잣말하기를 반복했다. 하지만 지금 와서 그만둘 수는 없었다. 크게 글재주가 있는 건 아니었지만 어디서든 시작했으면 인정받아야 한다는 목표가 있었다. 때문에 이런 식으로 허탈하게, 허무하게, 자괴감에 빠져 그만두고 싶지 않았다. 그리고 그만둘 수 없는 가장 큰 이유가 있었다. 바로 나를 예뻐라 하는, 내가 좋아라 했던 메인 작가에게 인정받고 싶은 마음 때문이었다. 그날 이후 나는 하루에 5편 이상 선배 작가들의 대본을 필사하기 시작했고, 방송분 영상을 쉴 틈 없이 돌려봤다. 그렇게 한 편, 두 편 쓰다 보니 자연스럽게 「TV 동물농장」스러운 톤이 손과 입에 익숙해지기 시작했다. 그러던 어느 날 메인 선배가 나지막하게 말했다.

"거봐. 잘할 거면서. 앞으로 더 기대할게."

그 말에 나는 더 열심히 글을 써야 할 힘이 생겼다.

날 버티게 하는 힘

예민한 아이템을 제작할수록 어떠한 감정의 늪에서 헤어나오지 못하는 경우가 있다. 하지만 이내 방송을 본 사람들이 보내오는 짧은 문자 혹은 짧은 시청자 게시판의 댓글 덕분에 힘든 고비마다 멈추지 못했다. 내가 11년째 작가 일을 해오고 있지만, 작가라는 직업을 선택한 뒤 포기하고 싶었던 적도 많았다. 하지만 뒤에서 응원을 보내주는 손길과 응원의 말 한마디에 나는 지금도 취재를 하고 글을 쓴다.

한번은 아무도 건드리고 싶지 않은 일베, 일간베스트 저장소에 대한 취재를 한 적이 있다. 보다 정확하게 취재를 하고 그들의 이야기를 듣기 위해 사이트에 가입했다. 가입하자마자 인증을 하라는 글들이 폭주했다. 진짜 작가라면 SBS 앞에서 출입증을 들고 사진을 찍어서 올려라, 개인 전화번호를 정확하게 공개해라 등등 나를 향한 확인사살 글들이 난무했다. 사실 지금에서야 글로 표현하니 많이 순화된 거지만 당시에는 욕과 알아듣지 못하는 자기들만의 언어로 한 사람을 공격하고 있었다. 하지만 나는 취재를 해야 했고 그들과 맞설 수밖에 없었다. 하루에도 수십 통씩 회사로 전화가 걸려왔다. 그리고 나는 일일이 통화에 응했고 그들만의, 그들의 이야기를 들어냈다. 납득이 가지 않는 이야기들이 많았디. 그러나 그들을 만나 더 많은 이야기를 들어야만 했다. 그 때문에 나는 한 시간이고, 두 시간이고 그들과의 통화를 감내해 내야 했다. 이게 겪어보지 않은 사람은 이해할 수 없을 테지만 당시 어린 나이20대 초반의 나로서는 이해 불가인 얘기들도 많았고 여성을 비하하는 얘기들도 많았으므로 혼자 견디기에 감정적으로 힘들었다. 하지만 모두가 퇴근한 뒤 홀로 한숨을 내쉬는 일 말고는 할 수 있는 게 없었다. 아이템을 못 하겠다고 도망칠 수도 없었고 무섭다고 누구를 붙잡고 울 수도 없는 노릇이었으니 말이다. 그렇게 일주일가량 취재에 취재를 거듭한 결과 인터뷰를 하겠다는 몇몇 사람을 섭외했다. 그리고 그날 결국, 함께 일하던 기자와의 회의 도중 눈물을 흘리고 말았다.

"원 작가 왜 그래? 무슨 일이야?"

"진짜, 진짜 너무 힘들어요."

정말 힘들다는 한마디 말 밖에는 나오지 않았다. 그날 이후 어려운 과제들은 계속됐다. 취재원들을 만나서 인터뷰를 해야 했고, 그들의 일상을 촬영해야 했다. 그때그때 마다 나는 한숨을 내뱉어야 했지만, 곧 지나갈 일이라는 마음으로 버텨냈다. 정말 버텨냈다는 말이 맞을 것이다. 그렇게 시간이 지나갔고, 어렵사리 방송은 전파를 탔다. 그리고 쏟아진 반응들.

"앞으로도 좋은 방송 만들어주세요."

"현장21 좋은 아이템 많이 하네요."

"기자님, 작가님 힘드셨겠어요."

짧지만 힘이 되는 시청자들의 글을 보며 나는 또 한 걸음 성장할 수 있었다. 아마 이때부터였던 것 같다. 연예인들이 악플을 보고 우울해하고, 선플을 보며 위로를 얻는 감정을 이해할 수 있게 됐던 때가.

2. 새로운 프로그램에
    빨리 적응하는 비법

예능도 하고 싶고 교양도 하고 싶다?

"예능도 해보고 싶고 교양도 배워보고 싶어요."

"시사 프로그램도 보람 있을 것 같아서 관심도 가요."

"교양 프로그램을 하다가 예능 프로그램으로 넘어갈 수 있나요?"

이제 막 방송 작가를 시작하는 후배들과 대화를 하다 보면 아직 어떤 장르를 하고 싶은지 고민인 친구들이 많다. 물론 예능 프로그램도 잘하고 교양 프로그램도 잘하면 얼마나 좋으랴. 하지만 예능 프로그램과 교양 프로그램의 경계는 명확하다. 그 때문에 내가 하고자 하는 장르가 확고하다면 작가로서 나의 실력이 안정될 때까지는 그쪽으로 힘을 쏟는 게 맞다. 하지만 아직 갈피를 못 잡겠다면 신입 작가일 때는 기회가 닿는다면 예능 프로그램도 해보고 교양 프로그램도 해보면서 나랑 잘 맞는 장르를 찾으라고 권하고 싶다. 사실 내가 예능 프로그램을 엄청 하고 싶어서 하더라도 그 예능 프로그램이 자신의 성향과 맞지 않는 친구들도 여럿 봤다. 또 내가 교양 프로그램을 즐겨봐서 꼭 하고 싶다고 생각했지만 막상 하다 보면 보는 것과 달리 성격과 맞지 않아 어려움이 따르기도 한다.

교양 프로그램을 할 때의 일이다. 6년~7년 차 작가를 충원해야 하는 상황이라 공고를 올려 구한 적이 있다. 며칠 동안 이력서를 받았는데 대부분 예능 프로그램을 오래 한 친구들이었다. 당시 프로그램이 교양 프로그램이긴 하나 예능 요소를 접목해야 하는 부분도 있었기에 일단 면접을 진행했다. 총 세 명을 만났는데 그중 한 친구가 유독 눈에 띄었다. 성격도 밝고 싹싹했기 때문이다. 프로그램 특성상 많은 일반인 출연자들과 대면해야 하기에 더 마음에 들었는지도 모른다. 그런데 본격적으로 일을 시작하자 그 친구가 헤매는 모습이 눈에 들어왔다. 처음에는 예능 프로그램을 오래 했으니 적응 기간이 필요할 거라고 생각했다. 하지만 날이 갈수록 스스로가 지친 모습이 보였다. 면접 때 봤던 밝은 모습도 조금씩 사라져 갔고 말수도 급격하게 줄어드는 게 보였다. 그렇게 어렵사리 따라오던 그 친구가 촬영구성안을 써야 하는 날이 왔다. 일단 섭외를 하고 취재를 하는 건 무탈하게 해냈지만 구성을 해야 한다는 것에서 막혔던 모양이다. 이래저래 설명을 곁들여 준 뒤 나는 퇴근했다. 그리고 다음 날 출근했는데, 그 친구가 어제 모습 그대로 머리를 부여잡고 자리에 앉아있는 게 아닌가. 당황한 나를 보고 그 친구가 했던 말이 기억난다.

"언니, 진짜 해보려고 했는데요. 머리가 하얘졌어요. 아무것도 안 써져요."

그랬던 거다. 그 친구는 교양 프로그램에서 신입 작가로 시작한 뒤 입봉도 했지만 그 뒤로 줄곧 예능 프로그램을 했던 터라 촬영구성안이 낯설어도 너무 낯설었던 거다. 연차가 쌓일수록 예능과 본인의 성향이 안 맞아 넘어오기는 했는데 막상 닥치니 이러지도 저러지도 못하는 상황이 벌어진 거다. 이런 상황이라면 본인의 의지가 중요하다. 새로운 장르에 적응할 의지가 있는지.

"언니, 저 진짜 교양이 하고 싶어요."

결국 그 친구를 붙잡고 앉아 3일 동안 밤낮으로 가르쳤다. 입봉 작가를 앉혀놓고 가르치듯이. 그래도 기본적으로 스튜디오 대본을 써오던 바탕이 있어서 글에 대한 습득은 빨랐다. 그렇게 2주가량 사무실에서 살다시피 하며 모니터를 하고 꼼꼼히 필사까지 해내더니 변화가 보이기 시작했다. 그리고 한 달 뒤 촬영구성안은 물론 대본까지 완벽하게 써내고야 말았다.

사실 새로운 프로그램에 적응한다는 개념은 우리에겐 크게 두 가지로 분류된다. 첫째는 새로운 사람을 만나고 제작환경에 적응한다는 것이고 둘째는 새로운 프로그램의 색깔에 적응한다는 것이다. 이처럼 작가들은 메뚜기처럼 A 프로그램에도 갔다가 B 프로그램으로도 가야 한다. 프로그램의 성향이 비슷하면 참 좋으련만 그런 프로그램만 골라 다닐 수도 없는 노릇이다. 또 한 분야에 국한되면 전문성을 가지게 되니 좋지만 그만큼 갈 수 있는 프로그램이 적어지는 것이기도 하다.

적응력의 달인이 되는 법

프리랜서를 업으로 둔 우리들은 1년에 최소 2번 이상은 프로그램을 옮긴다. 물론 한 프로그램에서 오래 있는 작가들도 있지만 최근엔 파일럿(2회에서 4회 정도 제작 후 방송을 통해 시청자의 반응을 본 뒤 레귤러 여부가 결정된다.)과 시즌제분기별로 제작되는 프로그램가 많아지면서 스스로가 옮기고 싶지 않아도 옮겨야 하는 상황이 생기기도 한다. 방송 작가들은 이렇게 프로그램을 옮겨 다니며 새로운 제작환경에 빨리 익숙해져야 한다는 어려운 과제이자 숙명을 늘 품고 살아간다.

앞서 말한 대로 나 역시도 시사 프로그램을 하다가 「TV 동물농장」

에 갔을 때 무척이나 힘들었다. 그 외에도 「TV 동물농장」을 하다가 예능 토크쇼 프로그램을 하며 어려움을 호소한 적도 있다. 예능 토크 쇼 프로그램을 하다가 시사 프로그램을 하면서 또 밤잠을 설친 적도 있다.

그렇다면 어떻게 하면 새로운 프로그램에 빨리 적응할 수 있을까? 해를 거듭하며 쌓아온 나만의 노하우를 몇 가지 적어본다.

···················· 새로운 프로그램에 빨리 적응하는 방법 ····················

1. 지금 맡은 프로그램을 필사한다.
   (적어도 10편 이상 필사는 필수다. 그 프로그램의 톤을 익히는 데 중요한 몫을 한다.)

2. 모니터를 한다.
   (적어도 20편 이상 모니터한다. 눈으로 모니터만 하지 말고 자막은 어떻게 들어갔는지 어떤 부분에 자료들이 사용됐는지 확인하며 모니터한다.)

3. 성우에 대해(목소리 톤, 좋아하는 단어, 안 쓰는 단어 등) 공부한다.
   (분위기가 달라지면 내레이션을 하는 성우의 톤도 바뀐다.)

···

3. 자기 이름에 책임을 진다는 것

감사합니다 × 100

개그맨은 유행어를 남기고 고 정주영 회장은 명언을 남기고 작가는 늘 감사한 마음을 남긴다.

"감사합니다."

"감사해요."

"부탁 좀 드릴게요."

작가가 된 뒤 가장 많이 하는 말이다. 섭외 말미에, 녹화 말미에, 촬영 말미에, 회의 말미에 하던 말. 그런데 이 말은 메인 작가가 돼서도 끊일 줄을 모른다. 우리네 인생은 도무지 뭐가 그리 감사하고 부탁할 일이 많은 걸까. 그래도 말 한마디에 오고 가는 정도 생기고 오고 가는 웃음도 생긴다며 작가들은 앞서 세 문장을 입에 달고 살아간다.

얼마 전 너무 예의 없는 한 친구의 문자 메시지를 받았다. 내용을 봐서는 추측하건대 신입 작가임이 분명했다.

- SBS 원진주 작가님 맞으시죠? 혹시 「정글의 법칙」 작가님 번호 아시나요?

이런 예의 없는 내용이 어디 있는가. 부탁하는 입장에서 자신이 누구이며, 상대의 번호는 어떻게 알았으며, 왜 부탁을 하게 됐는가가 하나도 없는 것이다. 이렇게 예의 없는 작가들이 일을 하고 있다니 기분이 상했다. (물론 예의 바르고 똑 부러지는 예쁜 친구들이 더 많지만.) 답장을 보낼까 말까 하다가 내 연락처가 어디서 났을까 싶은 마음에 답장했다.

- 누구시죠? 제 번호는 어디서 난 거죠?

그리고 또 답장이 왔다.

- 검색하다가 찾았는데요. 번호 아시면 알려주세요.

일전에 제보를 받기 위해 인터넷 몇몇 사이트 게시판에 번호를 공개했던 기억이 났다. 그 뒤로 나는 답장하지 않았다. 물론 당시에 「정글에 법칙」에 아는 작가도 없었지만, 설령 번호를 알고 있더라도 저런 문자라면 가르쳐 주고 싶지 않았다. 말 한마디에 천 냥 빚 갚는다는데 우리는 사람을 대하는 직업을 가진 만큼 조금만 더 친절한 후배들이 많아지면 좋겠다.

카카오톡이 생겨난 뒤로 다양한 그룹 방들이 생겨났다. 함께 일했던 작가들이 만든 그룹 방, 친한 지인들이 포함된 그룹 방, 졸업한 대학교 친구들 혹은 후배들이 있는 그룹 방 등.

그런데 1년 남짓 전부터 방송 작가들이 대거 포함된 그룹 방이 속속 생겨나기 시작했다. 내가 포함된 방만 해도 무려 6개다. 그 방에서는 구인·구직을 공유하거나, 찾고자 하는 연예인 매니저의 번호, 일반인 사례자들의 번호를 공유한다. 물론 좋은 취지로 만들어진 만큼 많은 작가들이 이 그룹 방을 통해서 원활한 섭외를 해나가고 있다. 그런데 얼마 전부터 그룹 방 내에 잡음이 일기 시작했다. 그 이유는 아래와 같은 글들이 난무하기 시작했기 때문이다.

'○○ 대학교 ○○○ 교수 연락처 아시는 분 계신가요?'

'○○ 병원 홍보팀 연락처 아시는 분?'

보통 한 번만 검색하면 나오는 번호들까지 요청하는 글들이 쇄도하자 이를 보는 제삼자의 작가들이 반기를 든 것이다. 현재 만들어진 그룹 방에는 메인 작가와 서브 작가, 신입 작가를 구분 짓지 않았기 때문에 다양한 연차의 작가들이 포함되어 있는데, 너무 기본적인 예의도 갖추지 않은 채로 번호를 수배하는 글이 올라오니 선배들의 입장에서는 좋게 보일 리가 없는 것이다. 특히 자신의 소속을 밝히지 않은 채 원하는 바만 올리다 보니 번호를 가르쳐주는 사람의 입장에서도 가르쳐 주기 싫을 때도 생기기 마련이다.

최근엔 기본이 상실된 사회라고 할 만큼 상대에 대한 예의를 찾아보기 힘든 게 사실이다. 그렇다고 삐까뻔쩍하게 대단한 뭘 하라는 게 아니다. 앞서 같은 상황이라면 기본적으로 자신의 소속과 이름 정도는 밝히고 원하는 것을 요청하자. 그리고 그 뒤에 '부탁한다' 혹은 '고맙다' 정도의 말 한마디만 덧붙인다면 누구든 나서 도움을 주려고 할 거다. 얼굴이 보이지 않는다고 상대의 인성이 안 보이는 건 아니다. 그러니 최소 우리끼리 안에서라도 예의를 갖추는 연습을 해보면 어떨까?

유독 좁은 방송바닥

워낙 한 다리 건너면 다 아는 곳이 방송국인 만큼 방송 작가라면 자신의 관리에 신경 써야 한다. 외모나 이미지에 신경 쓰라는 얘기가 아니다. 언행과 사람 관계에 대한 예의를 갖춰야 한다는 얘기다. 워낙 돌고 도는 사람도 많고 정보에 민감한 곳인 만큼 말이 돌고 도는 속도도 빠르다. 단연 정확하지 않은 정보도 존재하겠지만 누구 한 사람에 대한 정보를 알고자 마음먹으면 단기간 안에 정확하게 알아낼 수 있는 곳이 방송바닥이다.

KBS에서 창업 서바이벌 프로그램을 오래 한 적이 있다. 서브 작가 때 시작해서 메인 작가가 되기까지 내 작가 인생의 3분의 1 정도를 차지했던 프로그램이다. 그런데 워낙 큰 규모의 프로그램인 만큼 작가 팀을 세팅하는 것부터가 일이었다. 보통 메인 작가가 결정되면 각 연차별로 팀을 세팅하는데 대부분 호흡이 맞는 후배들로 알음알음 꾸리기 마련이다. 하지만 다른 연차와 달리 신입 작가 같은 경우는 공고를 올려서 뽑는 경우가 많은데, 가장 힘든 과제 중 하나다. 왜냐하면 다른 후배들과 달리 검증되지 않은 친구 중 선택해야 하기 때문이다. 그 때문에 나는 이력서를 받으면 반드시 확인하는 게 있다. 경력이 최소 1개월에서 3개월 정도가 있는지다. 어디서든 작가 일을 배워봤다면 조금이나마 같이 일하는 서브 작가들이 일을 함께하는 데 수월하기 때문이다. 하지만 이 정도 경력은 경력이라고 하기도 부족한 상황인지라 경력이 없더라도 면접 때 자신을 잘 어필했다면 뽑기도 한다. 그때도 이 순서에 맞춰 고심하고, 또 고심해 면접까지 본 뒤 보고 두 명의 신입 작가를 뽑았다. (프로그램 특성상 신입 작가가 여러 명인 곳이 있다.) 그런데 일을 시작한 지 한 달 정도 지났을까 한 친구가 일을 못하겠다는 게 아닌가. 하지만 이제 막 녹화를 시작했고 한창 제작이 진행 중인 시점에서 누구 한 명이 팀을 이탈한다는 건 작가 팀에게 큰 타격이었다. 그래서 재차 설득하고 어려운 점을 개선해 주리라 했다. 다행히 신입 작가는 마음을 돌린 듯했다. 하지만 왠지 썩 개운한 마음이 들지 않았다. 그날 새벽 혹시나 했지만 역시나 장문의 카톡이 날아왔다. 낮에 그만두고 싶다고 한 신입 작가였다. 핑계는 길었다.

'선배들이 시킨 프리뷰가 힘들다.'

'지방에 있는 본가에 일도 생겼다.'

'일을 시작한 뒤 몸도 안 좋아졌다.'

그렇게 그 친구와의 인연은 끝이 났다. 요즘도 이렇게 종종 문자만 남기고 도망가는 친구들이 있다. 심지어 전화도 받지 않는다. 물론 신입 작가들이 그만두는 이유도 당연히 이해할 수 있다. 제작 환경이 날로 좋아지고 있다고는 하지만, 회사원처럼 시간 내에 일을 마치는 게 쉽지만은 않다. 또 제작 일정이 있다 보니 밤을 새우는 날도 있다. 때문에 신입 작가들이 방송 일을 시작하고 난 뒤 가장 크게 불만을 표시하는 게 이런 부분이다. 나도 돌이켜 생각해보면 신입 작가 때는 정말 내 시간이 없었다. 하지만 연차가 쌓이면서 일하는 속도가 빨라지고 선배들과의 호흡이 맞아가면서 일하는 시간을 단축해 낼 수 있었다. 영화를 보러 갈 시간도 생겼고, 혼자 서점에 앉아 책을 볼 수 있는 시간도 생겼다. 하지만 그런 시간을 사수하기까지는 긴 인내가 필요하다. 이렇게 말하면 누군가는 나에게 꼰대(?)라고 칭할 수 있겠지만 작가만 힘든가? 다른 모든 일도 다 처음엔 힘들다. 그리고 버티고 버티면 그 보상은 당연히 따른다. 물론 주관적인 생각일 수 있다. 하지만 아무리 힘들더라도, 도망치고 싶더라도 유독 좁은 방송바닥에 있을 거라면 또 언제, 어디서 만날지 모르니 마무리는 늘 좋게 하라고 말하고 싶다.

신입 작가가 그만둔 뒤 정확히 삼일 뒤, 전화 한 통을 받았다. 몸이 안 좋다던, 본가에 일이 생겼다던, 그래서 작가 일을 더 이상 할 수 없을 것 같다던 신입 작가가 다른 프로그램에 면접을 보러 갔다며 친한 후배가 연락이 온 것이다. 또 한 번 느낀다.

'방송바닥 정말 좁구나'

자신의 이름에 책임을 질 수 있는 것 또한 작가의 몫이자 기본 태도라도 생각한다. 도망가는 친구들 역시 지금은 힘들다고 도망가지만 결국 그 이력은 누군가의 기억에 남기 마련이다. 그러니 언제 어디서 만나도 웃으며 만날 수 있도록 마지막까지 서로 예의를 갖출 수 있는 후배들이 많아지길 바란다.

4. 숨을 끊지,
   술을 끊을까?

마음을 녹이는 소맥 한 잔!

회의라는 게 책상 앞에서 앉아서 하는 것도 분명히 좋지만, 개인적으로는 분위기도 중요한 몫을 한다고 생각한다. 아무래도 사무실 책상에 앉아서 회의할 때는 신입, 서브, 메인, 피디, 서열들이 명확해서 의견을 내는 사람만 내기 마련인데 자리가 조금만 바뀌면 통통 튀는 신입 작가들이 좋은 아이디어를 내기도 하고, 술자리에서 오가는, 생각지도 못한 수다 속에서 좋은 아이디어가 생각나기도 한다. 그 때문에 작가, 피디들의 술 문화는 계속되는 게 아닐까?

최근까지 같이 일했던 신입 작가는 술을 꽤 좋아했던 편이다. 그런데 신입 작가들은 술도 편하게 못 마시는 게 사실이다. 술을 마시더라도 그날 피디와 작가 사이에 오고 가는 이야기들을 기억해뒀다가 내일 물어보는 사람이 있다면 말해줘야 하기 때문이다. 그만큼 우리의 술자리가 그냥 술자리가 아니라는 점이다. (나만의 핑계이자 합리화일 수도 있다.) 그런데 어느 날부터 그 친구가 술을 먹으면 그렇게 녹취를 하는 게 아닌가. 그래서 우린 왜 그러는 걸까, 의아해했는데 녹취한 내용을 다음날 출근해서 회의록으로 만드는 게 아닌가. 술은 마시고 싶고 기억은 해야 하니 그랬던 거겠지. 그 뒤로 그 친구는 센스 있는 신입 작가로 인정받았다.

그리고 비가 오던 어느 날. 유독 회식 자리에서 밝은 표정으로 피디들과 대화를 하는 신입 작가의 모습을 발견했다.

"피디님 제가 지난번에 꼭 얘기하고 싶었던 게 있었는데…."

"뭔데? 얘기해봐."

"지난번에 촬영한 유기견 말이에요. 후기가 궁금하더라고요. 시청자들도 저처럼 프로그램 보면서 궁금해하지 않을까 싶어서요."

"안 그래도 메인 작가랑 후기 고민하고 있었는데 뭐 찍으면 좋을지 좋은 아이디어 있으면 얘기 줘."

평소 사무실에서는 볼 수 없던 모습이라 나는 조금 낯설었다. 하지만 조금씩 의견을 내는 걸 보니 이 자리가 편해지는 거란 생각이 들었다. 그리고 내심 '잘 적응하고 있구나.' 싶은 안도감이 들면서 미소가 지어졌다. 그날 신입 작가는 지칠 줄 모르고 그동안 못다 한 이야기들을 술술 풀어놨던 것으로 기억한다. 그리고 덕분에 우리 팀은 제작이 끝나는 시점까지 활기찬 분위기를 이어갈 수 있었다.

술은 나의 아이디어 창고

"술은 잘 마시나요?"

내가 처음 SBS에 들어갈 때 받았던 면접 질문이었다. 사실 요즘은 이런 거 물어보면 큰일 난다. 그런데 술 잘 마시는 거, 중요하다. 왜냐, 회의에 회의를 거듭하다 술자리까지 그 이야기들이 이어진다. 그러면 술을 마시면서도 회의가 가능해야 한다는 거다. 그럼 왜 술을 마시면서 하냐? 커피 마시고 차 마시면서 하면 안 되나? 하겠지만 술을 마시다 보면 나도 모르게 아이디어가 술술 나온다. 기억력도 어쩜 그렇게 뚜렷해지는지.

처음 시사프로그램을 하던 때 유독 술과 관련된 에피소드가 많다. 아무래도 장르가 '시사'다 보니 고충이 많았고 하루하루가 술과 회의, 술과 또 회의의 연속이었다. 어떤 날은 점심에 반주로 시작해 밤까지 술을 마시며 구성을 논하기도 했다. 이렇다 보니 내 몸은 술은 자연스럽게 받아들이기 시작했고, 주량은 단숨에 늘었다. 지금도 당시 함께 일한 기자를 만나면 덕분에 주량이 늘었다며 감사해 한다. 주량이 세지면서 구성력도 증가했다. 술을 마시고 촬영구성안을 쓰면 그렇게 잘 써졌고 술을 마시고 회의를 하면 그렇게 머리가 뱅글뱅글 잘 돌아서 아이디어가 샘 솟았다. (어디까지나 이건 개인적인 신체적, 정신적 견해라는 점은 알아 두면 좋겠다.) 그렇게 우리 팀에게 술은 하루를 마감하는 코스 같은 개념이 됐다. 물론 술과 함께 고민을 거듭한 덕분에 실시간 검색어에 도 수시로 올랐고, 사회의 한 획을 긋는 방송도 만들어 냈다.

하지만 술을 잘 못 마시는데 작가를 할 수 있을까? 고민할 필요는 없다. 일을 잘해도 너무 잘해서 내가 어느 팀을 가든 제일 먼저 데리고 가기 위해 연락하는 후배가 한 명 있다. 꼼꼼하고 싹싹하고 아이디어 도 많은 친구다. 그런데 그 친구가 약한 게 하나 있다. 바로 술! 술을 잘 못 마신다는 것이다. (물론 나를 만나고 나서 좀 늘긴 했다.) 하지 만 분위기를 그렇게 잘 맞춘다. 그리고 술자리에서 하는 회의의 흐름도 잘 따라간다. 여기서 하고 싶은 말은 딱 하나,

"그럼 된 거다."

술을 마시는 사람들은 모르겠지만 술자리에서 술을 마시지 않는 사람이 제일 고달플 터. 그 때문에 본인이 괜찮고, 술을 마시지 않고도 같이 어울리며 통통 튀는 아이디어를 얹어준다면 아무 문제 없다. 능력 이 있고 술이 있지, 술이 있고 능력이 있는 건 아니므로!

5. 건강이 무너지면 모든 게 무너진다

24시간이 모자라

　빙송 작가기 된 뒤로 불면중에 시달리는 날들이 많아졌다. 기획안을 쓰기 위해 아이디어를 정리해야 하는 날과 녹화 전날이다. 신선함으로 무장해야 하는 기획안은 그 어떤 글보다 보고 싶게 써야 한다. 매력적인 타이틀부터 통통 튀는 20대 젊은 감성의 아이디어까지. 하지만 이게 말이 쉽지 이보다 어려운 작업은 없다. 하지만 우린 창작의 고통을 감내해야 하는 작가다. 주어진 시간 안에 써내야 한다. 시간은 촉박하고, 생각은 안 나고 차라리 푹 자고 내일 쓸까 싶지만 불안한 마음에 잠은 오지 않는다. 녹화 전날도 마찬가지다. 이래저래 준비하다 보면 자정이 넘어야 집에 들어가지만 들어가서도 마음 편하게 잠들지 못한다. 왜냐 불안 병이 또 찾아왔기 때문이다. 몸은 집에 있지만, 마음은 녹화장에 있다. 머릿속으로는 내일 해야 할 일들을 시뮬레이션해 본다. 그러다 보면 어느새 첫 지하철이 다니는 소리가 들린다.

요즘이야 밤을 많이 안 새는 편인데 돌이켜보면 밤을 참 많이도 샜다. 누가 밤을 새우라고 한 건 아닌데, 해야 할 일을 제시간에 맞추려면 밤을 새워야 했고, 방송 일이라는 게 딱 예정된 시간에 끝나지 않는 경우가 많아서 어쩔 수 없이 새는 경우도 많았다. 그 말은 작가들에게 가장 중요한 게 체력이라는 거다. "밤을 안 새우면 되잖아요?"라고 말하는 후배들도 있겠지만 사실 나라고 지새우고 싶어서 샜겠는가. 피디가 영상을 늦게 주니 기다리다 결국 밤새 대본을 써야 하고 시사편집한 영상을 방송사 팀장에게 확인받는 절차를 받았는데 팀장이 요구한 영상이 없어서 추가 촬영을 갔다 오다 보니 또 밤을 새우고, 후배가 자막을 늦게 주니 확인하느라 또 밤을 새워야만 했다.

내가 일하던 사무실 대부분에는 냉장고가 있었다. 심지어 핫식스와 커피가 한 박스씩 매일 리필 되는 신기한 냉장고였다. 덕분에 나는 밤샘을 할 때마다 마시고 또 마셨다. 결국 방송일을 시작한 지 2년째 되던 해 내 위는 고장 났다. 위염 진단을 받았으나 밤샘을 해야 한다는 이유로 그 음료를 끊지 못했다. 마시지 않으려 해도 내 몸은 이미 음료에 적응이 돼 마시지 않은 날은 무기력 상태로 보내야 했다. 그러던 어느 날 위를 부여잡고 응급실에 실려 갔다. 이번엔 위염을 넘어 위궤양이란다. 결국 6개월에 한 번꼴로 내시경을 하는 지경까지 이르렀고 어렵사리 밤샘에 특효라는 음료들을 끊어냈다. 작가에게 체력은 중요하다지만 이런 음료는 좋은 방법이 아니라는 걸 깨달았다.

그 뒤로 음료 대신 커피를 마셨다. 하지만 커피도 썩 좋은 건 아니었기에 양을 줄여 마시거나 아메리카노에 물을 섞어 연하게 마셨다. 또 뭔가를 마시고 싶은 기분이 들면 주스나 물을 대신 마셨다. 그렇게 한 석 달 정도를 했을까? 음료를 갈구하던 내 몸의 반응은 사라졌고 음료의 힘을 빌리지 않아도 밤을 새우는 데 큰 문제는 없었다. 그 무렵 운동도 시작했다. 바로 '필라테스'다. 하루 동안 머릿속에 쌓인 잡다한 생각도 정리하고 틀어졌던 자세도 잡을 겸 시작했는데 벌써 삼 년째 해오고 있다. 사실 불규칙한 출퇴근 시간에 못 가는 날도 많지만 최소 일주일에 이틀은 가려고 노력하는 편이다. 워낙 앉아서 일하는 우리에게 자세 관리 역시 누구보다 중요하다. 사실 나도 엄청 게을러서 자주 운동을 하진 않지만 그래도 나름 부지런히 움직이고 있다. 그래야만 내 체력으로 건강하게 밤을 새울 수 있다는 걸 알았기 때문이다. (물론 밤을 안 새는 게 가장 좋지만, 어디 이 일이 내 뜻대로 되냔 말이다.)

작가들이 가장 고생하는 질환이 목 디스크와 허리 디스크다. 노트북을 끼고 살다 보니 목이, 하도 긴 시간을 의자에 앉아있다 보니 허리와 골반이 틀어지는 거다. 그렇기에 필라테스는 자세를 교정해주는

데 꼭 필요한 운동 같다. (사실 필라테스를 시작하기 전 요가도 해봤는데, 유연하지 않은 나로선 유연함을 더 많이 필요로 하는 요가보다는 필라테스가 더 맞더라.)

또 주말을 활용해 한 달에 한 번 등산가기 프로젝트를 시작했다. 이전보다 몸이 가벼워짐을 느낀다. 사실 난 등산이라면 치를 떨었던 사람 중 하나였는데 산에 오르면서 떨어졌던 체력이 상승함을 느끼니 안 오를 수가 없는 게 함정이다.

시간에 쫓기는 작가들의 깨알 건강관리 요령

직장인들과 마찬가지로 작가들에게도 운동할 수 있는 시간은 정해져 있다. 출근 전, 점심시간, 퇴근 후. 하지만 사실 출근이나 퇴근이 불규칙한 우리들에겐 점심시간이 가장 활용하기 좋은 시간이다. 그래서 운동을 하러 갈 수 없는 날이면 점심시간에 근교 공원을 한 바퀴 돈다. 눈도 식히고 머리도 식히고 식후 소화도 시킬 수 있으니 1타 3피 아닐까 싶다.

작가들은 밥 먹고 난 뒤 바로 책상에 앉는 버릇이 있다. 왜냐 점심시간이라고 지정은 되어 있지만, 직장인들처럼 11시부터 1시, 11시 30

분부터 1시까지 이런 명확한 기준이 없기 때문이다. 보통 빨리 먹고 빨리 또 앉아서 일하곤 하기 때문에 늘 소화불량에 시달린다. 그러다 보니 위염과 위궤양을 달고 사는 작가도 많다. 하지만 산책만 열심히 해도 몸이 조금은 가벼워지고 소화불량도 완화됨을 느낄 수 있다. 특히 또 좋은 건 작가들끼리 탁 트인 공간, 사무실이 아닌 공간에서 수다를 떨 수 있는 유일한 시간이라는 점이다. 아무래도 부장님들 눈치 보랴 선배들 눈치 보랴 사무실 안에서는 정적이 흐르기 마련인데, 이 시간만큼은 작가들에게 자유의 시간인 거다. (이때 우리는 일에서 벗어나 연애 얘기도 나누고 피디들의 험담도 가끔 한다.) 매일 앉아있는 작가들에게 더할 나위 없는 소확행소소하지만 확실한 행복 시간이 점심 식후 맛보는 산책 시간인 것이다. 이런 산책 코스가 가장 잘되어 있는 건 SBS 목동 사옥이다. 사옥 바로 앞에 공원이 있는데, 점심시간 작가들의 유일한 휴식처로 잘 활용되고 있다.

챕터 5.

톡톡 튀는 아이템 만드는
베테랑 작가의
생활습관

1. 아이템의 창고인
신문과 잡지

"언니, 오늘 메인 기사는 이거 어때요?"

"응, 그거랑 이 기사도 쓸 만하겠다."

새벽 4시, 방송사별로 첫 신문이 도착하면 작가들은 분주하게 9개의 신문조선일보, 중앙일보, 동아일보, 한겨레, 경향신문, 한국일보, 국민일보, 세계일보, 서울신문을 후루룩 읽는다.

한 개의 신문만 봐도 1시간은 걸릴 것 같은데, 9개의 신문을 보는데 할당된 시간은 정확히 60분이다. 그리고 정확히 60분 뒤, 대본을 쓸 아이템 6개를 선정해야 한다. 그리고 타닥타닥- 바로 대본을 써야 한다.

5년 전쯤 「SBS 모닝와이드」에서 조간 브리핑 코너를 한 적이 있는데, 늘 이렇게 분주하게 하루를 시작하곤 했다. 그날 아침에 나오는 신문을 보고 그날의 이슈가 될 시사 아이템을 골라 대본을 써야 하다 보니 늘 시간은 부족했다. 대본을 쓰고 쓴 대본을 들고 편집실로 뛰고, 또 대본을 쓰고, 또 다 쓴 대본을 들고 뛰고…, 그렇게 아이템을 고른 뒤 정확히 1시간이 흐르면 오전 6시, 「SBS 모닝와이드」 1부가 시작된다. 그리고 곧 내가 쓴 대본이 아나운서의 입을 통해 시청자에게 전해진다. 이 프로그램을 한 뒤로 나는 종이 신문을 읽는 걸 좋아하게 됐다. 인터넷으로 보는 것보다 더 눈에 잘 들어왔고 읽기 편해서였다. 사실 노트북을 많이 사용하는 직업이다 보니 다들 노트북으로 읽는 게 편하지 않냐고 하지만 나는 그래서인지 더 활자로 글을 보는 게 좋다. 그렇게 들인 습관은 지금도 이어져 온다. 아침은 늘 신문으로 시작한다. 비록 9개의 신문은 나 보시 못하지만 2개의 신문은 꾸준히 읽으려고 노력한다. 보면서 그날의 뉴스들을 머릿속에 넣기도 하지만 가끔 좋은 문장이나 칼럼들은 메모해 두기도 한다. 그럼 나중에 아이템 찾을 때 도움이 되기도 한다.

서점에 가면 언제나 많은 사람으로 붐비는 코너가 있다. 바로 잡지가 놓인 곳이다. 하지만 나는 잡지는 많이 보는 편이 아니었다. 워낙 사회 문제에 관심이 많았던 터라 신문을 더 좋아했다. 그런데 불과 2년 전, 잡지를 손에 쥐게 된 계기가 생겼다.

동물관련 예능 프로그램을 하고 있을 때다. 코너를 기획해야 하는데 아무리 고민해도 다 거기서 거기인 아이디어만 나오는 거다. 그래서 고민하다가 동생과 함께 서점에 가서 책을 뒤적이는데 동생이 날 부르는 게 아닌가?

"언니 이거 너무 귀엽지 않아??"

그 잡지 안에는 귀여운 강아지가 멋진 옷을 입고 있는 사진이 있었다. 그날 난 아이디어를 공유했고 그렇게 탄생한 게 코요태 신지가 진행을 맡았던 「마이펫닥터 궁금해요」라는 프로그램의 '펫패셔니스타'라는 동물 패션 코너다. 잡지는 그 시대의 트렌드를 담고 있기 때문에 예능 프로그램을 할 때 특히 도움이 많이 된다. 이처럼 무언가를 읽는 작업은 작가에게 뗄 수 없는 작업이 아닐까 싶다.

2. 한 줄의 기록이 방송이 된다

나: (메모하는)

남편: 그런 것도 적어? 쓸데없이.

어렸을 때부터 메모하는 습관이 있었다. 사실 메모라기보다는 낙서에 불과하지만, 뭐든 끄적거리는 걸 좋아해서 늘 볼펜과 연습장을 들고 다닌다. 그런데 문제는 그런 것들을 정리는 하지 못한다. 집에도 따로 박스들이 가득한 방이 있다. 그곳을 뒤져보면 대학교 때 쓴 리포트도 존재한다. 보통 책도 깨끗이 쓰지 않는다. 보면서 밑줄도 긋고 형광펜도 치고 무척이나 알록달록하다. 그런데 가끔 진짜 아이템이 없을 때 난 그 박스를 뒤지거나 책들을 뒤적인다. 그럼 참 신기하게도 생각지도 못한 곳에서 아이디어가 떠오르기도 하고 아이템을 할만한 소재들이 눈에 보인다.

휴대폰이 점점 더 똑똑해 지면서 최근엔 메모장도 적극적으로 활용한다. 그리고 요즘은 카카오톡에 있는 <나와의 채팅 창> 기능을 잘 활용하는데 생각나는 것들이나 잊으면 안 되는 것들을 그곳에 메모했다가 다시 쓱쓱 올려보면서 기억해 내곤 한다. 특히 일기를 쓰지 않는 대신 그날그날 중요했던 일도 <나와의 채팅 창> 혹은 달력에 메모를 한다. 휴대폰을 잃어버리지 않는 한 언제든 보관되는 기능이니 얼마나 좋은가. 그리고 최근에 방법이 하나 더 늘었다. 바로 사진으로 남기는 것이다.

"우리 작년 1월 1일에 뭐 했지?"

지난 12월 31일 남편이 물었다. 그런데 아무리 생각해도 기억이 나지 않는 거다. '무엇을 했지?' 다이어리를 뒤지고 메모장을 다 뒤졌는데, 없다. '뭐 했지? 뭐 했지?' 너무 궁금한 나머지 나는 카드 내역서도 뒤져보고 노트북도 뒤져보고 난리를 폈다. 그러다가 남편이 사진첩을 뒤지더니 1월 1일의 행방을 찾아냈다. 시골 할머니 댁에 내려갔던 것. 그 뒤로 나는 메모 방법으로 사진 찍기를 하나 더 추가했다. 요즘은 날짜별로 정리는 물론, 다음 해 그즈음 되면 뭘 했는지도 알려주니 이토록 유용한 게 또 있을까 싶다.

친할머니댁이 시골에 있다 보니 어렸을 적부터 흙을 밟을 일이 많았다. 그 때문에 마당에 뛰어노는 강아지들과 유년 시절의 추억이 많다. 그중 유독 예뻐하던 강아지가 있었는데, 이름은 '쫑'이었다. 과거형으로 말을 맺은 건 쫑은 15년이 넘는 시간을 산 뒤 무지개다리를 건넜기 때문이다. 그런데 몇 해 전 종과 똑 닮은 강아지가 태어났다. 나는 또 강아지들 보는 낙에 시골행을 자주 택했다. 1시간 넘게 쭈그리고 앉아 강아지를 보고 있노라니 귀여워도 너무 귀여운 게 아닌가. 심지어 오밀 조밀 분홍빛 발바닥도 귀엽고, 아직은 짧고 뭉툭하지만, 꼬리도 너무 귀여웠다. 사진도 찍고 동영상도 찍었다. 그리고 메모장을 열어 메모 도 했다.

"발바닥도 귀여운데 꼬리까지 귀여워."

이때 내가 한 메모는 긴 시간 나의 트레이드마크가 됐다. 「TV 동물 농장」 대본을 쓸 때도, 동물 프로그램의 토크쇼 대본을 쓸 때도 멘 트에 빠지지 않고 등장했다.

급기야! <마이펫티비>라고 동물 전문 채널에서 반려견과 관련된 방 송을 만드는데 우리 집 반려견의 A부터 Z까지, 발바닥부터 꼬리까지 알아보자는 취지의 코너를 만들기도 했다. 이처럼 소소한 메모 하나 가 방송의 한 코너로 만들어지기도 하고 한 대본의 근간이 되는 내레 이션으로 쓰일 수도 있다.

3. 책을 읽고
   마음을 읽자

사실 문예창작과를 나왔지만 책을 많이 읽는 편은 아니었다. 그렇다고 학교 다닐 땐 많이 읽었을까? 그렇지도 않다. 학교에 다닐 때도 과제를 해야 하는 이유가 아니고서는 책을 손에 쥐고 있던 날은 손에 꼽을 정도였다. 하지만 구성작가가 되고 난 뒤 내 손에는 늘 책이 들려있었다. 여기서 포인트는 장르 불문, 장르 구분 없이 읽고 싶은 책들을 읽는다는 것이다. 그 이유는 책을 읽는 이유가 지식을 쌓는다는 것도 있지만 최근의 트렌드를 읽기 위함과 동시에 아이템을 발굴하기 위한 목적이 크기 때문이다. 물론 시사 프로그램이나 다큐멘터리를 제작할 때는 꼭 알아야 할 지식을 얻기 위해 책을 봐야 하지만 말이다. 이처럼 작가에게 책은 떼려야 뗄 수 없는 관계다. 하지만 바쁜 일정에 허덕이다 보면 책을 가까이하는 게 쉽지만은 않다. 하지만 살짝만 습관을 들이면 책 읽기만큼 쉽고 좋은 취미가 없다.

"여보, 이번 주는 이 책 읽어봐."

"응. 내 추천 책은 <보노보노처럼 살다니 다행이야> 이거~"

나는 남편과 일주일에 한 권씩 서로 책을 추천해주고 다 읽고 난 뒤 주말에 토론하는 시간을 갖는다. 물론 토론이라기보다는 수다를 떠는 것에 그치는 날도 많지만. 덕분에 한 달에 4권은 필수로 읽게 된다. 덕분에 집 거실 한쪽은 책장이 자리하고 있다.

혼자만의 의지가 약하다면 곁에 있는 남자친구 혹은 친구들과 독서 모임을 만들어 보는 것을 추천한다. 그게 어렵다면 현재 운영되고 있는 독서 모임을 나가보는 걸 추천한다. 최근 출판되는 책을 함께 읽고 의견을 나누는 것만큼 현재를 살아가는 사람들의 감정과 마음을 잘 알 수 있는 방법도 드물다. 방송 작가는 사람들의 마음을 움직이는 글을 쓰는 사람인 만큼 꼭 필요한 습관이라고 힘줘 말하고 싶다.

4. 방송은 곧
영상의 힘

"언니, 우리 영화 보러 가자"

"귀찮아. 방송 영상 보는 것도 힘든데 또 스크린을 보라고?"

"그래도 사람들이 많이 보는 건 영화관 가서 봐야지~"

신입 작가일 때까지만 해도 나는 영화 보는 걸 무척이나 싫어했다. 정말 6개월에 1편을 볼까 말까였다. 그런데 동생이 남들이 보는 건 같이 봐야지라는 말에 뜨끔해 적어도 2개월에 한 번은 꼭 영화관을 가기 시작했다. 방송 영상을 많이 본다는 핑계로 영화를 멀리했는데, 그간 나의 게으름을 반성했다. 영화를 보는 내내 감탄하며 본 영화가 한둘이 아니었다. 덕분에 내 눈은 영상을 잘 보는 눈이 됐고, 촬영 시 피디에게 요구하고 싶은 그림도 많아졌다. 이후 영화뿐만 아니라 뮤지컬과 연극, 드라마 등 장르를 불문하고 영상미를 접할 수 있는 것들을 찾아서 보는 습관이 생겼다.

방송은 글과 영상이 어우러져야 하는 장르인 만큼 다양한 장르의 영상을 많이 보는 게 좋다.

그럼 누군가는 이런 질문을 할 수 있겠지?

"방송만 보면 되는 거 아닌가? 타 분야는 왜?"

그 이유는 그 영상 속에서 보고 느끼는 것 하나하나가 나의 프로그램에 신선한 아이디어가 될 수도 있고 소스가 될 수 있기 때문이다.

예전에 한 선배에게 들은 얘기가 있다. 선거 방송에서 영화와 관련된 소스로 후보들을 소개해야 하는 데 최근 안 본 영화가 너무 많아서 어려웠다고. 언제 어떤 장르와 연결해서 우리가 방송 프로그램을 제작해야 할지는 아무도 모른다. 그 때문에 방송 작가라면 모든 장르에 관심을 갖고 주시하면 좋다.

5. 연륜보다
더 중요한 경험

남편과 결혼하기 전 남편은 아무리 바빠도 한 달에 한 번 여행은 가자고 말했다. 그 말은 연애 초기엔 지켜졌지만, 언제부턴가 여행을 하는 게 힘들어졌다. 다른 이유는 없었다. 나도 피곤했고 남편도 피곤했던 게 이유다. 쉬는 날이면 각자 휴식을 취하거나 잠자기 바빴으니 데이트하는 시간도 줄었다. 그러던 어느 날 남편당시의 남자친구이 갑작스러운 2주 여행을 제안했다. 당시 나는 데일리 프로그램을 하고 있던 터라 매일 원고를 써야 했다. 하지만 충분히 재택으로 가능했기에 그러자고 했다. 그리고 떠난 첫 국내 여행이었다. 여행하는 동안 대본의 압박이 따라붙어 마음이 편치는 않았지만 그래도 확 트인 공간에서 쓰는 대본은 즐거웠다. 그리고 실제 내가 맛집이라고 섭외한 곳들도 방문해보고 피디에게 촬영을 보냈던 문화유적지도 가보니 새삼 이런 게 경험이구나 싶은 생각이 들었다. 당시엔 별 의미 없이 떠났던 여행이었지만 지금 돌이켜 보면 참 많은 것들을 배웠던 것 같다. 전국 곳곳을 돌며 모르던 지역의 특색도 배웠고 사람들을 만나 동화되는 방법도 배웠다. 아무 계획이 없이 떠났던 여행인 만큼 현지에 머무르는 일들이 많았는데, 그때마다 그 마을의 사람들과 이야기를 나누는 일이 많았다. 처음엔 어색했지만 이내 현지인이 된 것처럼 사람들과 마주하는 나를 발견했다.

하루는 한 시골 마을을 지날 때였는데, 급하게 서울에서 연락이 왔다. 급하게 아이템을 교체해야 해서 대본을 다시 써야 한다는 것이다. 일단 차를 타고 여행하던 중이었으므로 급하게 차를 멈추고 노트북을 펼 수 있는 곳을 찾았다. (평소 같으면 차에서 써도 되는데 배터리가 떨어진 상황이었다.) 딱히 카페가 있을 만한 위치는 아니었던 터라 눈에 보이는 곳에 들어가자 싶은 마음에 조금 걸어가니 작은 건물이 하나 있었다. 바로 경로당이었다. 일단 문을 열고 어르신들께 인사를 드렸다. 상황을 설명하자 흔쾌히 전기를 사용하도록 해주셨다. 노트북이 켜지기까지 걸린 시간은 단 30초~40초. 그 짧은 사이 내 곁에는 사탕 3개와 콜라 한 잔이 놓였다. 그렇게 대본을 쓰기 위해 들어갔던 경로당에서 나는 어르신들의 일일 손녀가 됐고, 수십 가지의 질문 세례를 받았다. 대본을 다 쓰고 난 뒤에도 긴 시간 동안 말동무를 해드리고 난 뒤에야 다음 목적지로 이동할 수 있었다. 비록 잠시 스쳐 가는 인연이지만 난 그날의 기억을 잊을 수가 없다. 그렇게 난 짧은 여행 속에서 사람들과 진심으로 마주하는 법을 배웠고, 세상을 깊이 바라

보는 눈을 가지게 됐다. 그리고 그날의 우연한 경험이 지금 내가 글을 쓸 수 있는 원동력이 됐던 게 아니었을까, 생각해 본다.

방송 작가가 되고 싶다면
어떻게 해야 할까?

방송 작가가 되고 싶다면
어떻게 해야 할까?

방송 작가가 되고 싶다면 가장 먼저 준비해야 할 건 완벽한 이력서와 자기소개서다. 이제 막 대학을 졸업한 뒤라면 '이력이 없는데 무슨 이력서를 쓰나요?'라고 질문하겠지만 그래도 이력서는 면접 여부를 가리는 중요한 잣대가 된다. 그 때문에 이력서에 쓸 내용이 없더라도 성심껏 작성하는 걸 추천한다. 여기서 오타는 금물이다. 간혹 이력서를 받아보면 오타가 비일비재한 경우와 맞닥뜨리는데 그때마다 뒷장에 있는 자기소개서는 읽고 싶지도 않아진다. 또 짧더라도 이력이 있는 작가라면 더 그 이력을 부각해서 써야 한다. 프리뷰 경험이 있거나 단기 자료조사 아르바이트를 한 경험이 있다면 기간과 프로그램을 꼭 명시하면 좋다. 방송 작가를 시작하는 경우 작은 경력 하나도 후배를 선택하는 선배들의 입장에선 큰 포인트가 될 수 있다.

이력서와 자기소개서는 받아본 사람이 오래도록 기억할 수 있도록 쓰는 게 좋다. 그렇다면 그 방법은 뭘까. 사실 방법이나 양식은 없다. 본인 스스로 나를 어필할 수 있는 내용을 담아 써내면 된다. 물론 자기소개서는 눈에 띄는 아이디어를 넣어 돋보이게 작성하면 좋다. 평범한 자기소개서 사이에서 내 자기소개서가 확 눈에 들어오게 말이다.

내가 처음 작가 일을 시작할 때 쓴 자기소개서를 아직도 가지고 있다. 당시 나는 '내 여자친구를 소개합니다'라는 콘셉트로 나의 장점을 남자친구의 입장에서 정리한 글의 형식으로 썼다. 물론 자기소개 덕분인지는 모르지만 단 한 번 만에 취업에 성공했다. 최근 받아본 자기소개서 중에서 유독 기억에 남는 독특한 형식이 있는데 라디오 DJ가 되어 본인을 소개한 글이었다. 또 홈쇼핑 형식을 가져와 본인을 상품화하여 장점을 소개한 것두 독특한 아이디어였다. 이처럼 자기소개서는 보는 이들이 혹할 수 있는 형식을 정해 작성하면 본인을 어필하는 데 도움이 된다.

또 소소한 팁을 하나 더 얹자면 이력서와 자기소개서를 보낼 때 해당 프로그램을 모니터 한 뒤 장점과 단점을 적어 함께 첨부하는 것이다. 이는 내가 지원하고자 하는 프로그램에 대한 나의 관심도를 보여줄 수 있다. 간혹 먼저 요청을 하는 곳도 있지만 요청하지 않아도 해서 보내면 진짜 그 사람이 마음에 들지 않는 상대가 아니라면 당연히 면접까진 오케이다.

이력서를 보낸 뒤 반갑게도 면접 연락이 왔다. 이때 또 중요하다. 작가들은 섭외 전화를 많이 하기 때문에 전화 통화 하나로 상대의 성격을 어느 정도 파악할 수 있다. 그러니 첫 전화 통화에서 밝고 적극적으로 통화하는 걸 추천한다.

여기까지 성공했다면 다음은 면접이다.

사실 경력이 없는 후배 작가들의 면접에서 선배들이 보는 것은 정해져 있다. 밝은 성격과 당당한 면접이다. 워낙 사람들을 많이 만나는 직업이기 때문에 밝은 성격의 후배들을 선호하는 편이다. 또 질문에 대한 답을 할 때도 주눅 들지 않는 당당한 자세면 더 좋다. 워낙 아이디어 회의를 많이 하다 보니 적극적인 성격으로 자기 생각을 말할 수 있길 바라는 마음이다.

방송 작가 지망생들이
공부하는 곳

나는 종종 내가 방송 작가의 꿈을 갖게 된 날을 떠올린다. 고등학교 때로 거슬러 올라간다. 당시 내 꿈은 초등학교 선생님이었다. 어렸을 적부터 가졌던 꿈이다. 하지만 오래도록 가져온 꿈이 우연히 한 사람을 만나면서 바뀌게 됐다. 바로 지금도 KBS1에서 방송되고 있는 「도전! 골든벨」의 작가를 만나고 난 뒤였다. 그때 난 고등학교 2학년이었고 학교에서 촬영이 있었다. 물론 100인 안에 내가 있었던 게 시작이었다. 처음엔 그냥 나가서 문제를 풀고 또 풀었다. 그런데 생각지도 못하게 내가 최후의 4인에 든 것이다. 그때만 해도 최후의 4인이 되면 '최후의 한마디'라고 해서 소감을 말할 수 있었는데, 그걸 작가가 관리했던 것이다. 그날 그 작가와 잠깐 얘기를 하게 됐는데 너무 멋져 보이는 게 아닌가. 그리고 그날 나는 한 치의 망설임도 없이 방송 작가가 되기로 결심했다.

하지만 알아보면 알아볼수록 어느 과를 가야 하는지도 모르겠고 '내가 할 수 있는 직업인가?'라는 생각이 들었다. 그러나 방송 작가 된 지금 내가 방송 작가의 꿈을 가진 친구들에게 해줄 수 있는 얘기는 방송 작가라고 해서 어렵게 생각할 직업은 아니라는 것이다. 관련 학과를 나오지 않은 친구들도 현재 작가로 많이 일하고 있다. 컴퓨터정보과, 영상과, 영어과, 철학과 등등 그 과도 다양하다. 그만큼 직업에 학과는 중요하지 않다는 얘기다. 물론 국문과나 문예창작학과를 전공하면 좋다. 왜냐 글에 대한 어느 정도 기본은 닦고 들어오는 셈이니까.

 그렇다면 방송 작가가 되기 위해 공부할 수 있는 곳은 어디가 있을까?

1. <구성작가 과정> 교육 기관

 경력이 없는 작가들이 가장 많이 궁금해하고, 찾는 곳이 각 방송사에서 운영하는 아카데미다.

 현재는 KBS 방송 아카데미, MBC 방송 아카데미가 대표적으로 잘 운영되고 있다. 각 아카데미에서는 다양한 분야를 가르치지만, 방송 작가들은 '구성작가 3개월 과정'을 들으면 된다. 3개월 동안 수업이 진행되며 기본적인 신입 작가가 된 뒤 맡게 될 일을 배운다. 비용적인 측면이 부담이 있긴 하나, 여건이 된다면 물론 들어두면 좋다. 아예 경력이 없는 친구들을 뽑아야 하는 선배들의 입장에서도 아카데미 이수는 '조금이라도 이 일을 알겠구나.' 라고 생각하는 지표가 되기 때문이다. 그리고 아카데미를 수료한 모든 사람이 대상이 되진 못하지만 특출난 성과를 보이는 소수의 사람을 해당 강사인 현 방송 작가가 취업을 연결해 주기도 한다. 물론 본인이 제작하는 프로그램에 데리고 가는 경우도 있다. 즉, 작가에게 가장 중요한 인맥이 이때부터 쌓인다고 볼 수 있다.

이와 유사하게 수업을 들을 수 있는 곳이 또 있다. 한국방송 작가협회 교육원이다. 방송 작가협회현직 방송 작가들이 소속된 조직에서 운영하는 교육원이다. 교육원은 KBS 방송 아카데미, MBC 방송 아카데미보다 금액적인 부분에서 조금 부담이 덜한 편이며, '비드라마과정'으로 약 5개월21주 과정 동안 운영되고 있다.

나 역시 작가 일을 시작하기 전에 KBS 방송 아카데미에서 수업을 이수했다. 또 일을 시작하고 난 뒤 더 배워야겠다는 마음에 한국방송 작가협회 교육원 수업도 이수했다. 결국 두 곳의 수업을 다 들어봤는데 개인적으로 커리큘럼에 관한 부분은 둘 다 비슷했던 것으로 기억한다. 다만 두 곳 다 과제는 빡빡했으나, 그때 만난 동기들이 지금까지 인연을 맺어오고 있다. 선생님과의 인맥만 중요하다고 생각할 수 있지만 동기들과의 관계 역시 중요하다. 그 이유는 먼저 취업한 사람이 내부에서만 공유되는 공고를 알음알음 전달해 주기 때문이다. 사실 취업을 하기 전에는 내부 안에서 도는 공고를 접하기 어려운 게 사실이다. 이처럼 기관을 통해 수업을 듣는다는 것은 수업 이외에 인맥을 위해서도 좋은 셈이다.

2. 각 대학의 문예창작과

위에서 말했다시피 과가 취업에 영향을 미치지는 않지만, 방송 작가에 대한 기본적인 수업을 어느 정도 해준다는 부분에서 문예창작과를 선호하는 편이다.

아카데미 경력, 교육원 경력이 없을 경우 문예창작과를 졸업한 친구들이 단연 1순위가 되곤 한다. '기본적으로 어느 정도 글은 쓰겠구나, 어느 정도 기본은 배웠겠네.' 라는 판단에서!

3. 선배 작가들의 개인 아카데미

최근엔 현직으로 방송 일을 하는 작가 혹은 은퇴한 작가들이 본인의 이름을 단 온라인, 오프라인 개인 아카데미를 열어 수업을 하는 경우도 있다. KBS, MBC 방송 아카데미나 교육원 같은 경우는 지방에 있는 친구들은 아무래도 듣기 어려운 게 사실이라 그럴 때 이런 온라인 강의를 듣는 것도 큰 도움이 된다. 물론 이곳들 역시 과제는 빡빡하다.

방송 작가들의 연합체, 한국방송 작가협회 알아보기

우리나라에는 '한국방송 작가협회' 라는 조직이 있다. 가수협회, 배우협회처럼 프리랜서들은 대부분 협회를 가지고 있다. '한국방송 작가협회' 는 1957년 방송 작가들의 친목 단체로 출발했다고 한다. 설립목적은 방송 작가의 저작권을 비롯한 제반 권익을 보호하고, 방송문예 향상 및 상호교류를 통한 문화 창달에 기여하는 것을 목적으로 한다. 여기서 저작권이란 창작자에게 가장 중요하다. 내가 쓴 글, 내가만든 작품은 내게 권리가 있다는 것이다. 만약 내 작품을 사용하려면내 허락이 필요하다. 그리고 그 합당한 대가를 당사자와 계약을 해서정한다. 그런데 이 부분이 복잡하다. 그렇기 때문에 이 과정을 협회에서 대신해주는 것이다. 기본 계약서 틀을 제공해 주거나 어려운 내용은 상담을 통해 조언해 주기도 한다. 즉 작가들의 저작권 보호를 위해 최대한의 도움을 주는 곳이라고 볼 수 있다. 또 재방료에 대한 부분도 협회에서 관리한다. 요즘은 워낙 케이블 방송 및 지역 방송에서도 재방송을 많이 하기 때문에 이 정산을 일일이 작가가 챙길 수가 없는 게 사실이다. 그렇기 때문에 방송을 내보내는 쪽에서도 일일이 작가와 연락하지 않고 협회를 통해 재방료를 지급하고 있다. 또 원고료

나 작업환경 개선 문제에 대해 방송사와 협의하는 창구 역시 협회가 맡고 있다.

그렇다면 협회의 가입 절차는 어떨까? 생각보다 까다롭다.

구성/다큐멘터리 : 해당 분야에서 메인 작가 1년을 포함한
4년 이상 집필 활동을 한 작가

예능　　　　 : 협회와 저작물 사용계약을 체결한 방송사에서
5년 이상 집필 활동한 작가

라디오　　　 : 라디오 분야에서 3년 이상 집필 활동을 한 작가

　입회기준도 까다로울뿐더러 조건을 만족하는 증빙 자료도 있어야 하며, 기존 정회원의 추천도 받아야 한다. 한두 달 방송 프로그램을 제작했다고 해서 가입할 수 있는 게 아니다. 작가는 프리랜서이기 때문에 몇 달 정도 일을 하다가 다른 방송을 하지 않을 수도 있기에 이런 것들을 철저하게 검증하는 것이라 보면 된다.

　협회에 들어가기 위해선 서브 작가들도 이력 관리를 필수적으로 해야 한다. 왜냐 서브 작가들은 함께 프로그램을 한 메인 작가의 확인 사인을 받아야 하고 일한 개월 수가 아닌 정확하게 방송 나간 일자로

계산하기 때문에 추후 제작사에 증빙 자료도 요청해 받아야 하기 때문이다. 이렇다 보니 파일럿이나 시즌제 프로그램보다는 안정적으로 매주 방송이 나가는 프로그램을 하는 게 조금 유리한 편이다. (파일럿이나 시즌제는 방송이 4편~8편 정도에 그치기 때문에, 일은 6개월을 했어도 협회 기준이라면 방송기준으로 계산하니 4주~8주 일을 한 게 된다.)

예비 방송 작가들의
궁금증(Q&A)

- 글을 잘 써야 하나요?

기본적으로 글을 잘 쓰면 좋다. 하지만 방송에서 쓰는 글은 순수 문학의 글과는 다르다. 그렇기 때문에 글을 잘 쓰고, 못 쓰고는 크게 중요하지 않다. 현장에 와서 감을 익히고 배우면서 쓰는 게 더 빠를 수 있다.

- 이과생도 작가가 될 수 있나요?

사실 기존 작가 중 이과생이 적은 편이다. 그러나 프로그램의 장르가 점차 다양해지는 만큼 과학기술 부분을 다루는 경우도 적지 않다. 내용이 어렵다 보니 아이디어도 잘 나오지 않기 마련인데 이과생들이라면 이 부분을 충분히 충족시켜 좋은 프로그램을 만들 수 있지 않을까 싶다.

- 나이가 많으면 작가를 할 수 없나요?

한 프로그램에 작가가 최소 2명~3명에서 많게는 10명 이상이 모여 한 팀으로 움직인다.

팀을 꾸리는 메인 작가 입장에서는 연차와 나이를 고려해 팀을 꾸리게 되는데 이때 각 작가의 나이를 고려하는 경우들이 있다. 예를 들어, 5년 차 작가가 28살인데, 신입 작가가 32살일 경우 서브 작가들이 불편함을 토로할 수 있는 여지가 생길 수 있기 때문이다. 하지만 나이가 크게 작가를 시작하는데 문제가 되진 않는다.

다큐멘터리 같은 경우는 작가 팀이 소수로 움직이기 때문에 나이가 많아도 일과 관련된 부분이 완벽하다면 뽑기 때문이다. 그리고 생각보다 많은 작가가 나이를 언급하지 않는다. 그 이유는 나이보다 실력, 연차가 중시되는 조직이 방송 작가이기 때문이다.

- 졸업 전, 방학 때 경험해 보면 좋은 일이 있을까요?

사실 작가에게 다양한 경험은 필수다. 무엇을 해도 언젠가 필요한 곳이 생긴다. 방송 작가 일과 조금 관계된 일을 해보고 싶다면 프리뷰 아르바이트를 해볼 것을 권한다. 보통 KBS 구성작가협의회에 들어가면 작가들이 프리뷰어를 구한다는 글을 올리는데 거기서 선택해서 해볼 수 있다. 프리뷰는 신입 작가들이 기본적으로 할 수 있으면 좋다. 물론 요즘은 전문 프리뷰어들이 대부분 맡아 하기 때문에 신입 작가가 직접 하는 곳은 적지만 영상을 보는 눈을 기를 수도 있고 촬영이 어떻게 진행되는지 알기에는 이것만큼 좋은 경험이 없다.

- 입봉은 어떻게 하나요?

연차가 쌓이면 입봉은 자연스럽게 하게 되지만, 그 안에서의 과정이
존재한다. 기본적인 자료조사 단계를 벗어나 내 글을 쓰게 되는 중
요한 단계다. 선배 작가들의 인정을 받아야 빨리 입봉을 할 수 있다
고 본다. 서브 작가가 된 뒤 메인 작가가 되는 과정도 입봉이라고 하
는데, 메인이 되기까지는 최소 10년 이상이 걸린다고 보면 된다. 그 긴
기간 동안 서브 작가로 있으면서 내가 쓰는 대본의 분량을 점차 늘
려가게 된다.

- 방송국 직원 작가는 없나요?

방송사에 소속된 직원 작가는 없다. 하지만 최근엔 제작사에 작가를
직원으로 고용해 월급을 지급하며 함께 작업하는 경우가 늘고 있다.

방송 작가
'결코'
쉽지 않다

방송 작가
'결코' 쉽지 않다

선배 작가들이 결혼식 전날까지 일했다는 얘기를 참 많이도 들었다. 그래서 난 그러지 않기 위해 1년 전에 결혼식장도 잡고, 웨딩촬영도 7개월 전 정도에 했다. 그런데 이게 무슨! 애초에 예정됐던 방송이 한 달가량 뒤로 밀리면서 결혼식 때도 방송 준비를 해야 하는 스케줄이 된 것이다. 그렇다고 일을 그만둘 순 없는 노릇이니 최대한 미리미리 모든 작업을 앞당겨서 했다. 다행히 같이한 제작팀이 다 한 번씩 손발을 맞춰본 피디와 작가들이라 조금 수월하게 진행할 수 있었다. 하지만 결혼식 전날 자막을 써야 하는 스케줄은 피할 수 없었다. 결국 난 메이크업 받으러 가기 전까지 노트북 앞에 앉아 있어야 했다. 남들 다 한다는 마스크 팩 한 장 얼굴에 올려보지 못하고 부랴부랴 메이크업을 받고 드레스를 입고 식장에 들어갔다. 역시나 화장이 잘 먹을 리 없었다. 무사히 결혼식을 마칠 수 있을까 걱정이 앞섰지만, 다행히도 많은 지인들이 참석해서 앞날을 축하해줬고 결혼식 사회를 봐준 박수홍 씨당시 프로그램을 함께하고 있었다.가 "바빠서 매일 밤을 새웠는데도 예쁘네요."라는 말을 덧붙여줬다. 정말 지금 생각하면 참… 내가 작가라서 가능했던 결혼식의 추억이 아니었을까 싶으면서도 후배들 결혼식 때는 꼭 일을 빼주겠노라 다짐한다.

    사실 내가, 내가 무슨 책을 쓰겠나. 10년이 넘도록 일하고 있는 나도 힘들어 죽겠는데 후배들에게 꿈과 희망을 줄 수 있을까 싶었다. 그래서 긴 시간 고민했다. 그리고 결국 써보겠노라 어렵게 마음먹었다. 대신, 꿈과 희망이 아닌 현실을 전해주기로 했다. 방송 작가라는 직업은 제삼자의 시선으로 보이는 게 다가 아니다. 남들이 기대하는 것처럼 화려하지도 고급스럽지도 않다. 하지만 늘 진정성 있는, 사람의 마음을 움직이는 글을 쓰려고 노력한다. 그리고 그 글을 쓰기 위해 수많은 눈물을 흘리고 땀을 흘린다. 숙직실이 내 집보다 더 편안해질 때까지, 새벽 귀가 덕에 택시비가 월급의 반 이상을 차지할 때까지, 발에 땀이 나도록 현장을 활보해야 해서 구두를 신지 못하는 날이 많아질 때까지… 우리 방송 작가들은 늘 방송국에 그리고 현장에 있다.

부록

※ 「도전! K-스타트업 2017」 프로그램 기획안

※ 「세상에서 가장 아름다운 여행」 실제 대본

※ 「도전! K-스타트업 2017」 실제 대본

2017 프로그램 기획안

대한민국 창업 서바이벌!

꿈에 도전하라!
스타트업 2017

< 꿈에 도전하라! 스타트업 2017 > . 제작 개요

◎ 취지

대한민국은 이제는 ... 오늘도 창업 꿈의 현장이다 ...

...

※ 프로그램 핵심 내용

'청년이 창업의 다리가 된다, 나는 창업 청년.'

...

대한민국의 대표 창업 지원 프로그램!

꿈에 도전하라! 스타트업 2017

그 꿈과함께 떠벼 시작합니다!

< 꿈에 도전하라! 스타트업 2017 > . 사업제안 내용 . 기획의도

바이브로 혁신인 시작된다.
...

창업 인들의 꿈을 실현시키는 무대!
대한민국 창업 DNA의 발굴을 위한 프로젝트!
< 꿈에 도전하라! 스타트업 2017 >

...

...

한 세계 창업자 오디션
'슬러시 도쿄' 2017 피칭 콘테스트의 본무대서 최후 우승을 가려낸다.

이제는, 대한민국수을 넘어 전 세계로 진출하고 있다!

◆ 왜 스타트업에서 주목하고 있는가?

...

◆ 스타트업은 꾸 시대 대세운다? 이 국면!!

...

◆ 세대와, 세계나 그 행운을 가질 수 없다.

...

< 꿈에 도전하라! 스타트업 2017 > . 콘텐츠 구성 및 내용

◎ 제작 방식

방송분량 : 2017년 9월 기획안 제작 weekly 소스 프로그램 편성
...

◎ 제작 방식(단의 (제작 여건에 따라 변경될 수 있음))

a. 참가자 모집 : 약 4주
...

◎ 제작 방식 전쟁 스테이지스

(1) 구조 : 시즌 별 총 6개의 에피소드
1차 개요 및 구의 전출의 선정
...

(2) 각 회별 6개의 도전 기업이 출연, 보다 자세한 아이디어의 소개를 진행한다.
...

(3) '시즌은 온다디' 내용, 시즌 별 각 별계 진행할 임계한 가산다 부적
...

(4) 점수한 거기치한 ...
...

(5) 실시운영 방식의 다양화를 위한다.
...

(6) 한번 관심 <도전 K-스타트업 2017> 최후 우승자의 최후 메시지의 선정
...

※「도전! K-스타트업 2017」 프로그램 기획안

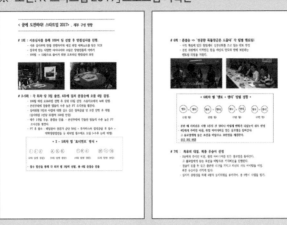

※「세상에서 가장 아름다운 여행」 실제 대본

※「세상에서 가장 아름다운 여행」실제 대본

※「도전! K-스타트업 2017」실제 대본

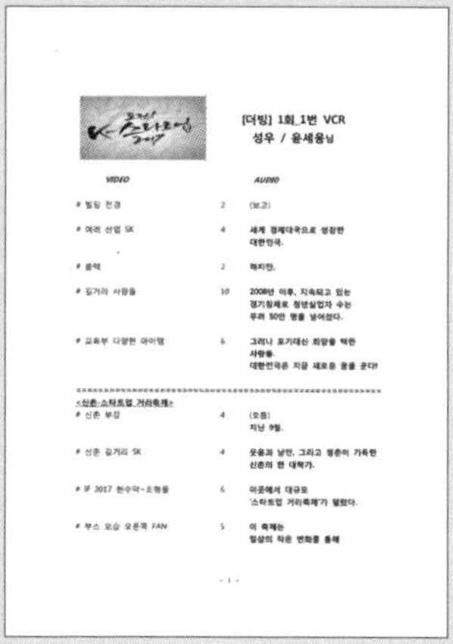

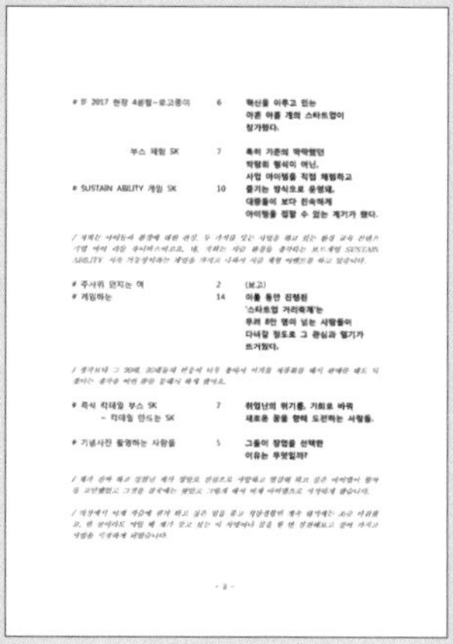

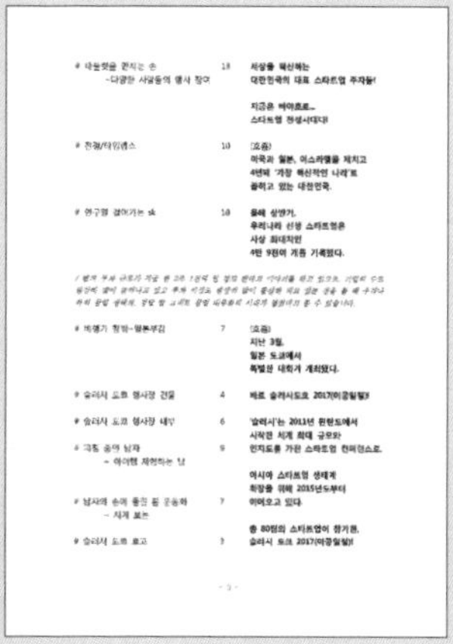

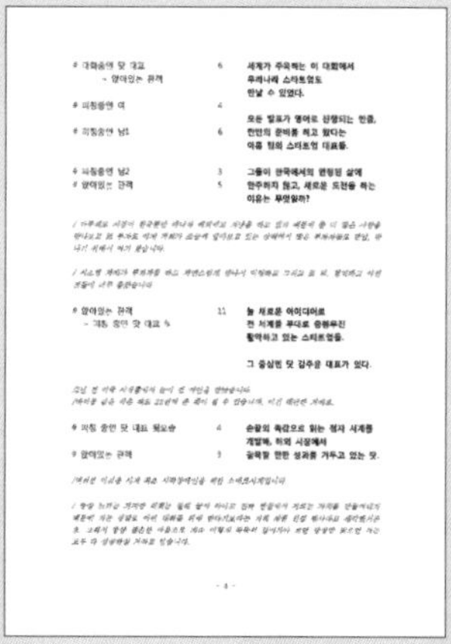

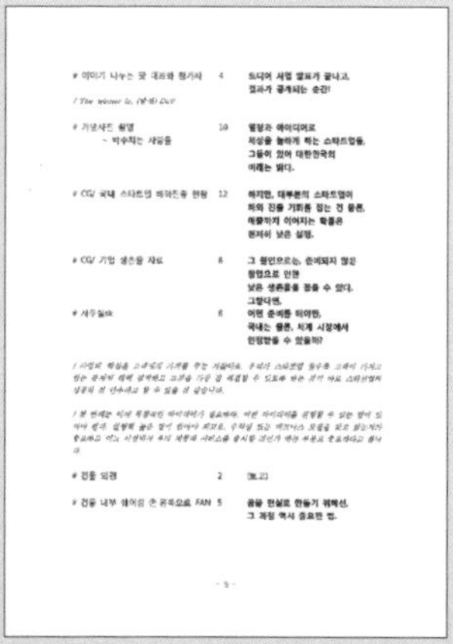

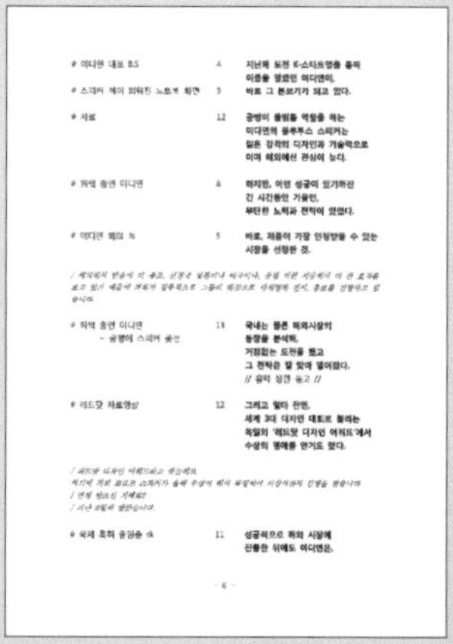

나는 글 대신 말을 쓴다

초판 1쇄   2019년 8월 9일

지 은 이   원진주
펴 낸 이   김채민
펴 낸 곳   힘찬북스
디 자 인   이수빈

출판등록   제 410-2017-000143호
주   소   서울특별시 마포구 망원로 94, 301호
전   화   02-2272-2554
팩   스   02-2272-2555
이 메 일   hcbooks17@naver.com

I S B N   979-11-90227-00-1 (03680)